我不是教你詐

I 日常工商處世卷

劉墉 著

目次

【經典版序】開一罈依然辛辣的老酒……008

第一部・一般日常處事篇

【原版前言】認清這個世界……012

第一章／說與不說之間……015
洩漏天機的人，易遭天譴，打聽人機的人，易招人怨。

第二章／進退宜有據……033
留三分餘地給別人，就是留三分餘地給自己！

第三章／送禮的藝術……043
即使你幫助人，也要把對方的面子做足。

第四章／選擇自己的戰場……053
一個失去部隊的將軍，還不如一個會作戰的小兵。

第五章／迂迴的引誘……061
笨蜻蜓抱著自己的尾巴啃，還以為抓到了一隻大肥蟲。

第六章／功高不震主……073
跟主子穿一條褲子打出天下的臣子，常第一個被殺掉。

第七章／與敵人共枕……081
當「哥兒們」有一天當上了警察，原來的哥兒們，就不再好做哥兒們了。

第八章／高明攏絡術……093
用非常的手段，應付非常的對手，這是千古不易的道理。

第九章／先說先贏……103
情歸情、理歸理，好話醜話最好都說在前面。
第十章／創造恐怖平衡……111
如果絕對的權力，會造成絕對的腐化。那麼不斷的競爭，就能造成不斷的進步。
第十一章／電話大謀略……131
會打電話，天涯變咫尺；不會打電話，咫尺變天涯。
第十二章／借刀計更高……141
當別人叫你往前站的時候，先看看是不是正有子彈飛來！
【原版後記】書呆子的反思……155

第二部・工商社會處事篇

【原版前言】請嘗麻辣小火鍋……162
第十三章／一疏害百密……167
伴郎伴娘長得再漂亮，也不能代替新人入洞房。
第十四章／蠶食變鯨吞……187
橫過深谷的吊橋，常從一根細線拴個小石頭開始。
第十五章／最高明騙術……201
自從昆蟲發明了翅膀，蜘蛛就發明了網。
第十六章／解讀人性奧祕……217
旅館在房間裡為你準備擦鞋布的原因，是怕你用他們的白浴巾去擦鞋。

第十七章／搶得先機的學問……227
他吃不下，也不讓別人吃。一口咬下，含在嘴裡，不吞下去。

第十八章／情勢比人強……251
對付小偷，咳嗽常比菜刀好。

第十九章／小不忍則亂大謀……267
放老鼠夾的時候別吭氣，夾到老鼠之後再叫好。

第二十章／人性的弱點……297
導遊拿商店的回扣愈多，團員看風景的機會愈少。

第二十一章／小蝦米的大力量……311
當一隻小貓撲向大狗，不論大狗多有理，人們總為小貓叫屈。

【原版後記】不好也不壞的人……327

【經典版序】

開一罎後勁十足的老酒

今年（二〇二三）是我寫作出版的五十周年，從一九七三年的《螢窗小語》第一集到現在，我總共出版了散文、小說、詩歌、繪畫理論、寓言故事、畫冊和工具書一一七本，中間居然沒有一年交白卷。

我的寫作出版有來自先天「不吐不快」的驅迫，也有後天的機緣，當年我寫成處女作《螢窗小語》，拿給兩家出版社，都被打了回票，所幸我以前編校刊，有熟識的印刷廠，試著印了幾千本，沒想到供不應求，成為暢銷又長銷的作品，也因此鼓勵我繼續寫第二集、第三集，總共寫了七本。同時完成《螢窗隨筆》、《真正的寧靜》和《點一盞心燈》。又因為我從起初就自己出版，獲利較多，使我有能力推出後來像《唐詩句典》、《林玉山畫論畫法》等比較冷門的工具書。我常想，如果不是二十四歲被出版社退稿，很可能不會有今天的作家劉墉。

我研究所的教授張隆延曾經一邊翻著我寫的繪畫理論，一邊笑說我是苦心孤詣。他說得很對，我只要決定寫什麼，就算預期不討好，也會堅持完成。早年我甚至把繪畫理論作成英文版運到紐約，親自去曼哈頓第五街的大書店，像是邦諾（Barnes & Noble），紀伊國屋（Kinokuniya）和禪（Zan）推銷。當時彩色印刷和越洋運費不便宜，書店給的折扣又苛，我賣一本賠一本。更糟的是因為自己送書，造成困擾至今的脊椎傷痛，但我堅持做下去，因為不信作品打不進美國的主流書店。

正因此，每當有人說我是暢銷作家的時候，我都會感覺有點怪，心想：「其實我也很不暢銷，只是用暢銷支持不暢銷。」我必須感謝我的「暢銷書」，從《螢窗小語》、《超越自己》、《創造自己》、《肯定自己》，到《人生的真相》、《我不是教你詐》，它們使我成為兩岸暢銷書榜的常客，甚至被譯為韓泰越文出版。

其中《我不是教你詐》更是暢銷又長銷，原因應該是它既被歸類為「勵志書」，又被列為「處世書」，甚至有人認為像「厚黑學」，結果從小學生到上班族，甚至政治圈的朋友都看。

而且政爭時常有人提起《我不是教你詐》中的情節，無論政治鬥爭、職場傾軋，似乎都能在書中找到用來影涉的故事。

我常強調「作家要為自己說話，也為時代說話」，我一生雖然不涉足政治，但是並非不關心社會。在我許多作品中，都採取了隱晦的方式，或勸諫、或諷刺，說出我內心的憤懣，《我不是教你詐》尤其如此。

非常高興在我寫作五十周年之際，聯合文學選編《我不是教你詐》紀念版，希望這歷經三十年，已經在兩岸銷售幾千萬本（包括盜版）的作品，能像一罈溫潤卻後勁十足的老酒，讓大家在眼花耳熱中，重新省視這個光怪陸離的世界。

第一部・一般日常處事篇

【原版前言】

認清這個世界

我不是個食言的人，所以雖然知道這本書可能引起爭議，還是將它出版。

四年前，當我寫《人生的真相》時，在前言裡預告，將寫三本探討人生真實面的書，第一本是由一系列相關的小故事，和簡單「提示」構成的『導讀篇』。第二本是完全不加導讀，而由讀者自行玩味的『反思篇』。第三本則是舉出實例，再加論述的『論證篇』。

四年一下子過去了，屬於『導讀篇』的《人生的真相》、『省思篇』的《冷眼看人生》都已經出版。算時間，這本『辯證篇』，早在去年就該推出，我卻有了遲疑。

面對早已寫成的稿子，我一直想：我的讀者，有一半是青少年，這本赤裸裸分析人性的書，會不會太辣了呢？會不會讓還在念書的孩子，對社會心生恐懼？

我開始做調查，問那些讀過《冷眼看人生》的學生，有什麼感想。

反應的差異很大。同一所學校的學生，有些人難以相信，這世界竟有那麼多陷阱。另一些學生則可能輕鬆地一笑：「這有什麼稀奇？我看多了！」

有位讀者來信，說：「好可怕啊！以後連做好人的時候，都要小心中圈套了。」

又有位讀者寄來一封謝卡，說他在人生最想不開，甚至要尋死的時候，看了《冷眼看人生》，才發覺不該只怨自己倒楣。其實這個世界，本來就有各種防不勝防的人與事。

他的情況，大概就像得了重病的人，站在健康的人中間，會怨自己命苦。到了醫院，才發現四周站著躺著的，全是像自己一樣的苦命人。

而面對別人痛苦的遭遇，我們常會變得更勇敢、更平和、更感恩也更堅強。

話再說回來，如果一個健康幸福的人，能有機會進入醫院急診室，在那驚恐之後，他何嘗沒有學到感恩與同情？他甚至會因為見到車禍者，而開車、走路都更加小心；因為見到重病者，而更知道保養自己的身體；因為見到打架受傷的人，而愈懂得要平復自己的情緒。

把人世的艱難和人性的弱點，呈現在眼前，有什麼錯呢？那只會使大家更看清世界、更了解人性，更反省自己。

基於這個認知，也為了兌現自己的承諾，我決定推出這本書。只是，為了平衡讀者的情緒，我將書延後一年，先出版了一本特別溫馨的《衝破人生的冰河》。我建議較年輕的讀者，不但能由《人生的真相》、《冷眼看人生》一路讀下來，而且先用《衝破人生的冰河》暖暖身，再看這一本。

雖然這本書的書名是《我不是教你詐》，實際整個句子應該是「我不是教你詐，是教你看清世事」。在寫作上，我不再像前兩本書點到為止，而是採取追究到底的方式，把同一個問題，編成許多小故事，一層層攤開、一層層分析。

這本書可以說是「人生戰法」，也是「處世學」。但那戰法不僅包括最實際的「戰術」，也有了「戰略」理論。我希望讀者所看到的，不僅是馬上可以利用的生活經驗，而且能由分析中，了解真正的人性。因為，所有人世間的機巧變化，都脫不開那基本的人性。

當然，基本人性也相當複雜，這本書裡呈現的都是最普遍易見的。正因此，當全書編成，我發現其中的故事儘管辛辣，卻更生活，也更實用。幾乎每個故事中的角色，都可能是身邊的人，或我們自己。那是我在海內外許多圈子，滾得滿身塵土之後，整理出的經驗，在幽默中有著血淚。

去年秋天，當我兒子放假回家的時候，我特別把這本書的原稿交到他手上，並對他說：「當你剛進高中的時候，我寫了《超越自己》給你。現在你馬上要大學畢業了，希望這本書，對你進入社會，能有點幫助。」

我也把這本書，送給每位將進社會的朋友，並且再說一句：

「我不是教你詐，只是要你認清這個世界！」

第一章 說與不說之間

洩漏天機的人，易遭天譴，
打聽人機的人，易招人怨。

好個知心朋友

「可是我菜都買好了……好吧！謝謝……再……」小英的「再見」還沒說完，對方已經掛了電話。許久，許久，她呆坐著，電話還在手裡，發出嘟、嘟的聲響，在這個已經空了的辦公室裡，顯得有點刺耳。

「有什麼不開心的事？」一隻手伸過來，幫她掛上了電話。抬頭，是新來的唐小姐。

「沒什麼事。」她扯了扯嘴角：「你怎麼還沒走？」

「急什麼？有什麼事等我回家辦？家又不像個家。還不如在辦公室，覺得充實些。」

小英抬抬眼角，看了看這位已近中年的女人，大家都說她不好惹，可是，她卻看到一種落寞感，一種和自己相似的落寞。看到別人也有的落寞，倒使小英放鬆了，甩甩頭髮，一笑：

「要不要一塊兒出去吃晚飯，我請客！」

*

沒人知道今天是小英的生日，除了「他」。當然！現在又多了個她——唐小姐。

一直到喝咖啡，她才說今天是自己的生日。

沒想到，唐小姐一點也沒驚訝，只是淡淡一笑：「我的生日也常是這樣過的。他，總有事，總是突然打個電話說抱歉，害我對著一桌做好的菜，和插好的蠟燭，掉眼淚……唉！有什麼辦法？跟別人分……」

小英楞了。赫然發現，眼前這位唐小姐，竟像是一面鏡子，立在眼前，讓她看到自己。忍不住的淚水，突然一串串地滾下來。趕緊拿餐巾去擋，還是被唐小姐看見，焦急又關心地問：

「你怎麼了？什麼事讓你傷心，難道……」

小英的心防崩潰了，多少年來，從不曾對人傾吐的祕密，如同滾下的淚水般，全湧了出來。

說完了，已是深夜，唐小姐開車，送她到家門口，這也是小英從沒經驗過的，不管多熟的同事，她都不曾把人帶回家，這是她和「他」的祕密，不能讓人知道。

但是，今天，不！今夜，她覺得好輕鬆，覺得終於遇到一個跟她有著同樣痛苦、同樣煎熬的人。發覺自己不再孤獨。

＊

唐小姐一夕之間，成為她最要好的朋友。只是，她不了解，為什麼其他同事，漸漸對她露出奇怪的眼光。有時候，桌上的電話才響，她感覺得到，幾十雙眼睛都在看她、聽她。

終於有一天，馬小姐偷偷對她說：

「你的事，大家都知道了！其實，你不該講，大家同事六、七年，你都沒說，為什麼唐小姐才來，你就告訴她了呢？那又是個大嘴巴，到處吹牛，說她知道你的私事。」

「可是她，她也一樣……」

「她也一樣什麼？跟你一樣愛上了有婦之夫？那才是笑話呢！她今年初才結的婚！」

小英忍不住地衝到唐小姐面前，低聲狠狠地問：「你為什麼把我的事跟別人說？你明明才結婚，又為什麼要騙我？」

唐小姐緩緩地偏過頭來：

「哎呀！交朋友嘛！我看你好傷心，八成是那麼回事，編個故事讓你舒服點。」又是淡淡一笑：「何況，我不編那個故事，你也不會告訴我你的故事啊！」

想一想

某日，有個學生到我工作室來，一進門就問我的生日，然後與匆匆地掏出個掌上型的小電腦，把我的名字和生日打進去，接著電腦的液晶螢幕上，就顯示了一大堆「天格、地格、人格」之類的數字，以及我的「命盤」。

學生一行行念著，念一段，就問我準不準？

我笑著罵他，什麼不學，學算命。他居然一白眼：

「老師！你知道嗎？我用這個小電腦，不知交了多少朋友，辦成了多少別人辦不到的事。碰到陌生人，我只要拿出小電腦，問他要不要算算，就立刻知道了他的名字和出生年月日。接著，管它準不準，準的他點頭，不準的他搖頭。沒兩下，我把他祖宗三代，一家幾口，全弄清楚了。而且……」他神祕兮兮地說：「老師！你要曉得，當一個人把他的祕密告訴你之後，他就會對你特別好，這是我的高招哇！」

從我這位學生的話，和前面的那個故事可以知道，要跟一個人建立特別親密的關係，最直接的辦法，就是分享他的祕密。為了達到這個目的，人們會使用各種手段，他們可以為你算命、為你填表、為你做心理測驗的遊戲，也可以用他們自己的祕密來交換你的祕密；甚至用「假祕密」換你的「真祕密」。

但是，你也要知道，「交淺而言深，既為君子所忌，亦為小人所薄」。每個人在對你說出他的祕密之後，都可能不心安。因為他不敢確定，你是不是會把他的祕密說出去。

於是，最簡單的方法，他也要求你說出你的祕密。這就好比黑社會，對新加入的分子，為了證明忠誠，要他去執行一個任務，或在械鬥殺人時，把槍交給新手，叫他「補」那最要命的一槍。

照做了，就是共犯，從此便脫不了身。

同樣的，如果別人對你說出祕密，也交換了你的祕密，你就要小心了。如果你說出他的，他就會說出你的。

如果事情真這麼單純倒好了，問題是，如果你不過去「補」一槍，又如果你不願說出自己的祕密，或者你真是沒什麼祕密好說，只怕你也要倒楣，那一槍可能就落在你頭上。就算對方沒槍，不能立刻對付你，在他心底，總會對你懷一份戒心，覺得你抓住了他的小辮子。有一天，發生戰亂，他手上真有了一把槍，遇到你，那把槍很可能舉了起來。

所以，你要知道，無論對別人說自己的祕密，或去聽別人的祕密，都沒什麼好處，你可能有「短利」，也可能有「長害」，何況在傳遞祕密的過程中，又會產生許多副作用。

請接著看下面的故事。

方太太的祕密

「方太太最近情緒好像不怎麼好。」

幾位平常一起買菜聊天的太太，私下議論紛紛，會不會是方先生出了軌？可是，大家每天晚上七點鐘，還是準時聽見方先生關車門的聲音。

再不然，是方太太的小女兒生了病？可是，三歲多的孩子，長得又白又胖，天天在門口跑來跑去。

也許是方太太得了病？不！李太太最近才跟她一起去檢查過身體，據說測心臟功能的「跑步機」，方太太不但跑滿分，而且跑到了一百三十分。醫生說她十年都不會得心臟病呢！

可是，方太太為什麼這樣悶悶不樂呢？

*

「欸！李太太，你跟她比較好。你去打聽打聽好不好？」大家偷偷推李太太出馬。

從那天開始，李太太就有事沒事往方家串。只是，不論李太太直著問，或旁敲側擊，方太太都說沒事。

這一天，兩人正聊天，方太太的小女兒，光著上身從裡屋跑出來，一轉身，李太太嚇一跳：

「怎麼？她好像背上流血了。」

小丫頭沒聽見，一溜，又進了裡屋。方太太也好像沒看見，繼續勾她的桌巾。

「不對耶！」李太太推推方太太：「我剛才看見，你女兒背上好像有一大片紅。」

「沒什麼！沒什麼！」

才說著，小丫頭又跑了出來，李太太再定睛看，真是流血了，站起身要過去抓孩子，卻被方太太一把攔了下來：

「告訴你好了！既然你看到了。我女兒背上，從出生就有一大塊硃砂紅的胎記。醫生原來說，過兩年就會自己消失。可是，現在過三年了，一點兒都沒退。最近醫生改了口，說那是永久的胎記，要跟我女兒一輩子了。」嘆口氣：「我最近就為這事不開心。想想，一個女孩子，背上長那麼大的胎記，遠看真以為流血了。以後怎麼穿露背裝？搞不好，丈夫還會嫌，我是為她操心……」話說一半，抓了抓李太太的手：「這事可只有你曉得，別人是不知道的，你可不准出去亂說，否則就不夠朋友了！」

「你把我想成什麼多嘴婆了？」李太太臉一正：「我半個字都不會說。」

＊

「快說！快說！」眾家太太圍著李太太，非叫她吐出實情不可。

「我是知道了！也不是她先說的，是我自己知道的。」李太太倒夠義氣：「但是，我答應她，不說。」

「說一點嘛！說一點嘛！」大家你一句、我一句，你推一把、我推一把：「我們都是她朋友，讓我們也關心一下好不好？」

「不能說就是不能說！好吧！我說一點點，是她孩子的事。」李太太雙手一揮：「到此為止，以下，我誓死也不奉告！」

＊

沒過兩天，大家買菜時又碰上了，正巧方太太也牽著她的小女兒。

大家一起走回巷子。可是，這次跟往常不一樣，嘴上聊的雖然是菜價，幾個太太的眼睛卻在方小妹妹的身上打轉。

「你們為什麼一直盯著我女兒看？」方太太把女兒拉到身邊，滿臉狐疑地問：「李太太說了什麼？」

「沒什麼！沒什麼！不信明天你碰到她，可以問，她什麼都沒說，只是說你女兒……」

「說我女兒怎麼樣？」方太太突然火冒三丈：「這個混蛋！我女兒身上長塊胎記，干她屁事？我非找她算帳不可！」

想一想

看完這個故事，請問：

方太太的祕密，是誰說出去的？

是李太太說的？還是方太太自己說的？

在方太太心中，又認為是誰說的？

要知道，這世界上是沒有所謂「一部分祕密」的。人們似乎有個天性，只要知道一部分祕密，就想要挖出全部。

所以，當你洩漏自己或別人的一部分祕密時，也等於洩漏了全部。

更糟糕的是當一個人把他的祕密告訴你的時候，只要他聽說「你講了祕密的一小部分」，就會假設你透露了全部。

而人們又有個特性，是喜歡把他聽到的一小部分，在眾人面前炫耀，吹噓自己知道得更多。

正因此，在西方社會，許多公司主管和一般職員的餐廳是分開的，這絕對不是有階級觀念，而是為了避免在用餐時，主管之間的對話，被職員聽到，再斷章取義地去傳播。

即使在一起用餐，主管也盡量不跟下屬同桌，同桌也絕不談公事。道理很簡單，想想，如果你是個小職員，今天中午居然跟大老闆同桌吃飯，你回辦公室能不說嗎？你說的，如果涉及公事，即使知道的只是片段，只要講的確有其事，別人會不猜想你知道得更多，而催你多講一點嗎？你為了炫耀，又能不加油添醋嗎？

許多耳語或不必要的紛爭，就因此產生了。

從另一個角度來想前面的故事：

如果方太太不那麼急性子，只因為別人說「李太太提到孩子」，就以為李太太「全說了」，而自己全盤托出。單憑李太太講的那一句，大家又能知道多少？

*

由此，我們得到一個結論：

如果你不幸聽到別人的祕密，對方在這世上只告訴了你，又叮囑你不能說，你就要真正做到「一字不說」！

如果你發現別人知道了你的祕密，千萬要忍，因為別人很可能只是猜測，或只知道極小的一部分。你自己可千萬別成為「真正說出來的那個人」。

請看下一個故事。

王老虎上任

「在咱們這圈子，有個著名的王老虎。」趙主任把眼睛瞪得像老虎似的，將一桌人掃視了一圈。

小陳一驚，知道趙主任說的正是自己的舅舅，心想：「趙主任大概不知道，我就是鼎鼎大名的王老虎的外甥。」也就裝作不認識，聽聽趙主任下面要說什麼。

「你們都不知道王老虎吧！因為你們是新人，等混一陣子就知道了。」趙主任一仰頭，乾了杯，眉頭一揚，眼睛又一瞪，用食指往桌子上狠狠敲了一下：「他媽的！王老虎哪裡是老虎，根本是王老鼠，他是空有其名、欺軟怕硬，年輕的時候，專門給上面提皮包，提出來的！」指指天花板，乾笑了幾聲：「只怕還擦過屁股呢！來來來！大家乾杯！」

一桌人全笑了，紛紛舉杯，只有小陳喝得不是滋味，要不是王老虎下條子，小陳今天也不可能坐在這兒，當然這件事只有董事長知道。

董事長跟小陳的舅舅是小學同班同學，以前一起搗蛋，一起罰跪，現在則一起做生意。據說許多商場的小道消息，都是「王老虎」提供的，他們還打算把兩家公司合併呢！

＊

果然，吃完飯沒多久，就傳出現任總經理請辭，由王老虎接任。

「這下好了！」小陳暗自興奮：「看你趙主任，還敢不敢再罵王老虎？你要是再罵，我就去告訴我舅舅。」

那趙主任想必也聽說了小陳的「關係」，最近看小陳的臉色都不一樣了。不過，倒非諂媚或拍馬屁的眼神，而是一種冷冷的、恨恨的態度。

所幸王老虎很快就上任了，而且到任沒多久，就把小陳叫了上去。小陳接到總經理祕書的電話，真是得意萬分，故意大聲說：

「是的！是的！請告訴總經理，我馬上到。」當他走出辦公室的時候，可以感覺一屋子的同事，都在向他行注目禮。當然，還有趙主任，他一定緊張死了。

＊

「坐！」王老虎就是王老虎，也自有那分威儀：「你來半年多了，做得怎麼樣？好好學，不要搞小圈子。」

「搞小圈子？」小陳一怔。

「聽說你跟趙主任處得不太好，他是行家，在這圈子十多年了，辦事又認真。我接管之後，好幾件事，都是他搶著辦的，又快、又好！他說你靠著我的關係，對他不太客氣，這可是我聽了要不高興的。」王老虎滿面寒霜：「這件事用不著我跟你媽說了，你好自為之。以後趙主任說什麼是什麼，不准唱反調！」

小陳一頭狗血，也一頭霧水地走出總經理辦公室，正碰上趙主任，抱著一落卷宗進來。

「小陳哪！」趙主任故作親切：「下次我要是說錯話，你千萬要擔待，而且早早指點，我會感激不盡的！」

想一想

看完這個故事，你可能很奇怪，為什麼「說錯話」的趙主任成了贏家。而那關係特殊，又有口德，沒把趙主任的話傳給自己舅舅的小陳，反而輸了！

他輸在什麼地方？輸在他沒有在趙主任未開口批評王老虎之前，先表明自己是王老虎的外甥。於是，批評的人肆無忌憚地開了口，也駟馬難追地讓自己的把柄，落在小陳的手上。

當趙主任知道小陳的「關係」之後，能不緊張嗎？他能不假設小陳會去告狀嗎？當小陳告了他之後，他能不倒楣嗎？

他唯一應付的方法，就是先下手為強——惡人先告狀。

於是，他努力地表現，好好地巴結，再製造一個有意無意的機會，說小陳跟他之間有摩擦。

趙主任這樣做之後，就算小陳再去告狀，王老虎也不會聽。因為事實擺在眼前，趙主任是很認真、很效忠，小陳說負面的話，不但不可能產生殺傷力，只怕還要引得自己舅舅反感。因為王老虎會假設小陳利用自己的關係。

就這樣，小陳輸了！問題是，在這個社會上，我們處處看見人們演出這樣的戲。

一個妻子，很可能試探地問與自己丈夫共事，卻並不認識自己的人，對她丈夫的印象。從正面來看，那似乎是明查暗訪的「暗訪」，為她丈夫做民意調查。對方如果答「好極了！」那該是多有面子的事?!誰不希望知道有人在背後說自己好呢？她的丈夫日後可能對這人格外地好。

只是，我們想想，如果對方說「不好。」這做妻子的要不要告訴自己丈夫？當她丈夫知道之後，是不是會加倍痛恨對方。

更要命的是，當對方知道「她」居然是「他」的太太時。即使做妻子的沒把事情告訴丈夫，對方也會假設如此，而心懷戒心。雙方的關係，更變得疏遠了。

＊

記住，這世界上許多人會問你對第三者的看法。他的目的，可以是調查，也可能是「套你的話」。當你發現別人來套話的時候，一個字也不能說。

至於在一般閒談間，如果你發現對方要批評與你相關的人，最好的方法，就是及時把話題帶開，或暗示對方，你的「關係」。

否則，對方的批評一出，如故事中的，那許許多多的副作用，就會產生了。

總之，能不傳話，最好別傳話；能不套話，最好別套話；能不涉入「背後的批評」，最好別涉入。讓自己像沙灘，多大的浪來了，也是輕撫著沙灘，一波波地退去；而不要像岩石，使小小的浪，也激起高高的水花。

第二章　進退宜有據

留三分餘地給別人，
就是留三分餘地給自己！

地下主任

「請問系主任在不在？我們要採訪他。」

沒想到還在布置會場，記者已經來了。怎麼辦？怎麼辦？系主任還沒到，幾個學生急得團團轉。

「打電話到主任家好了。」有學生建議，趕緊翻出電話號碼，掛了電話過去。

「怎麼這麼早就來了，我還在洗澡呢！」主任在電話那頭也急了：「你們先應付一下，請記者坐坐，說我馬上就到。」

電話才掛，就有別的學生跑來，說不用打電話，何助教已經把事情解決了。

果然看見何助教跟記者們寒暄：

「主任還在忙，沒關係！你們有問題問我好了，這個研討會我最清楚。」

何助教確實最清楚，講句實在話，訪問系主任，真不如問何助教，這個研討會從頭到尾，根本就是何助教在辦。連邀請記者的名單和新聞稿，都是何助教擬的。

系主任自從有了何助教，真是輕鬆太多了，大大小小的事，何助教一手包，連小孩在學校跟同學打架，都是何助教出馬擺平的。怪不得何助教進來才兩年，大家已經偷偷叫他「地下主任」了。

地下主任真是儀表堂堂，你看！他接受電視記者訪問的樣子，多英挺而充滿自信哪！如果說有一天他真當上系主任，沒人會懷疑這句話，連主任不都這樣認為嗎？

記者採訪完何助教，大概急著趕下面的新聞，一群人衝出門去，正碰見跑得上氣不接下氣的系主任。主任連連道歉：「對不起！對不起！碰上塞車，來晚了一步。」

「沒關係！」記者們說：「何助教已經說得很詳細了！」

「那好！那好！」主任不好意思地應著，直到記者上車離開了，還喃喃地說：「那好！那好！」

丟臉有理

秀英今天一進門，臉色就不好，皮包往沙發上一摔，坐在那兒，悶不吭氣。

「怎麼了？」小王輕聲細氣地靠近。

「怎麼了？」秀英別過臉去：「問你自己！」這一開口，氣更大了，一下子滿臉脹得通紅：

「你今天真是讓我丟夠了臉，當著一大堆同事的面，我真想找個洞鑽進去。」

「我跟我們處長，到你公司參觀，怎麼會丟你的臉呢？」小王一頭霧水：「正因為我是處長面前的紅人，他才會帶我去，他怎麼不帶別人呢？而且，你要想想，處長不去別的廠參觀，為什麼專找你們工廠，還不是我介紹的？」小王也愈說愈有氣：「你們工廠，從上到下，如果做成這筆生意，應該感謝我，也就是感謝你才對，怎麼反而說讓你丟臉呢？」

「當然丟臉！」秀英轉過臉來：「你還沒去，我就跟老闆和同事說了，說你是我同系的學長、高材生，也是這方面的專家……」

「你說的沒錯啊！」

「錯大了！」秀英一瞪眼，突然低下頭，掩著臉哭了起來：「你跟在你們處長旁邊，一副一問三不知的樣子，明明你最懂的機器，根本可以由你來介紹，你為什麼不說話？還不斷問你處長。他懂個屁！」

「他懂個屁？」小王停一下，居然笑了起來：「他也是學這個的，就算過時了，他總是處長啊！」

想一想

以上這兩個故事，我故意只講一半，留下結尾讓讀者猜。

何助教確實是個聰明的年輕人，他一個人可以當十個人用，問題是，「聰明」包括的不僅是知識、反應，更應該包含處世的智慧。

年輕人失敗，常敗在不知道及時表現自己，也常敗在過度表現自己。愈表現，愈得意，得意忘形地忘了別人的存在。

相反地，那個以幕僚姿態，站在長官身後默默耕耘，不彰顯自己的小王，則懂得做人的三昧。故事中，小王說得很明白：「他（處長）也是學這個的。」

如果處長完全是外行，由小王這個內行代為解說，是當然的事。但是，當自己的主管也是內行人的時候，小王搶在前面說話，不但搶風頭，而且表現了「我比你內行」的氣勢。

推銷員都懂得一種說話技巧——明明知道對方外行，卻說：

「相信您一定很內行，知道……」然後，把自己要推銷的觀念說出來。這樣做，要比說「您要知道……」的效果好得多。因為前者表現的是同意，是同一立場，也是尊重；後者表現的，是假設對方不懂，需要被指點。

人人愛戴高帽子，當然前者的說法最討好。

＊

此外，人都喜歡表現，每個懂一點的人，都自以為是半個專家；而每個專家，都希望自己是專家中的專家。有什麼情況，會比在一個專家面前，表現得更專家，造成的場面更尷尬呢？

我曾親眼看見，一位「大師」帶著徒弟參觀書法展，站在一幅草書前，大師搖頭晃腦地一個字、一個字地讀下去。突然，有個字寫得太草了，連大師也認不出來，正左想右想的時候，徒弟卻笑道：

「不過是個『頭』髮的『頭』罷了！」

當場，大師就變了臉，怒斥道：

「輪得到你說話嗎？」

那徒弟犯的錯，就是「在老師面前，表現老師」，問題是，那畢竟是他老師啊！

談到這兒，我們也常在學術界，聽見研究生抱怨：「某教授發表的論文，根本多半是我寫的。他只是定個題目，全是我做的研究，偏偏到後來掛他的名。」

這種實情是不少，但我們也要想想，當那個教授在做研究生的時候，是不是也曾經幫他的教授做研究呢？

有一些「倫理」是長期發展出來的，看似不合理，其中卻有一定的道理。

「一將功成萬骨枯」，小兵可以說「白刀子進，紅刀子出的仗是我們在打，為什麼成名的都是將軍？」

當他說這句話時，應該想想：

第一，哪個將軍不是從下層升上去的？

第二，當仗打敗了，譬如第二次世界大戰，上絞刑臺的，為什麼是那些將軍戰犯，不是殺人的小兵？

我曾經看過一個博士論文口試之後，指導教授對通過口試的學生，很客氣地說：

「講實在話，這方面，你研究這麼多年，你才是專家，我們不但是在考你、在指導你，也是在向你請教。」

學生則再三鞠躬說：

「是老師指導我方向，也給我機會，沒有這個機會，我又怎麼表現呢？」

在這兒，我特別要對初入社會的年輕朋友強調，這個社會好像果園，當你進去，果園的主人可能說：「好！那片地，交給你種！」

當你種出最豐碩，甚至遠超過果園主人以前種出的果實的時候，永遠不要忘記，是誰讓你進來，又是誰給你這塊地。

自鳴得意的時候，千萬不能忘本。

＊

當然，人際之間的進退，是有很大技巧的，有些技巧近於不合理，甚至可以稱為機巧。

譬如，當古代皇帝御駕親征的時候，即使正在與敵人對陣的將軍，可以一舉把敵人擊潰，不必再勞動皇帝，但是只要聽說御駕要親征，就常常按兵不動。等著皇帝來，再打著皇帝的旗子，把敵人征服。

這按兵不動，可能姑息養奸，讓敵人緩口氣，而造成很大的損失，為什麼不一鼓作氣，把他打下來呢？

此外，御駕親征，勞師動眾，要浪費多少銀子？何不免掉皇帝的麻煩，皇帝豈不更高興嗎？

如果你這麼想，就錯了，甚至錯得可能有一天莫名其妙地貶了職，甚至掉了腦袋。

你要想想，皇帝御駕親征是為什麼？裡面難道不存有「好大喜功」嗎？他會不會根本知道敵人已經馬上要投降，才御駕親征？他不是「親征」，是親自來「拿功」啊！

拿功給誰看？

給天下人看！給萬民看！

看！皇上一出馬，頑敵就俯首稱臣了。

所以就算皇帝只是袖手旁觀，由你打敗敵人，你也得高喊「吾皇萬歲萬萬歲！」都是皇上的天威，震懾了頑敵。

這樣說，有錯嗎？

也沒有錯。因為你的將軍銜，是皇帝給的，你的大軍也是皇上派的。飲水思源，還是皇恩浩蕩。

*

說了這許多，有些事真令人疑惑，教人心寒，但這是真實的社會、真正的「人性」與「人情」，我不能不說，你不能不懂。

對了！前面兩個故事的結尾——

何助教後來考自己系裡的研究所，居然沒考上。主任常冷嘲熱諷，何助教最後出了國。

秀英的工廠，果然拿到了訂單，小王後來還當上了處長。

第三章　送禮的藝術

即使你幫助人，
也要把對方的面子做足。

老丁送禮

本籍南京的老丁，一共有七個兄弟姊妹，但是三十八年大陸淪陷時，除了兩個弟弟由老丁帶到臺灣，其餘的全留在了大陸。

剛開放探親，老丁就著手返鄉的一切。對岸的信，更像雪片般飛來。

老丁把信看了一遍又一遍，紅筆勾了又勾，總算猜出一共有多少親戚，然後才能辦備禮物。

「一人一份禮，絕不能少！」老丁心想。所幸自己的兒孫有許多穿不完或嫌小的衣服：「聽說那兒的人，現在一下開放了，都趕時髦，這些衣服跟新的差不多，正好可以送給他們。」

自家的不夠，老丁甚至去找朋友要，忙了半年多，總算湊足了。

在臺灣的兩個弟弟，因為時間沒辦法配合，老丁只好一人前往。三大箱行李，拎到南京，老丁足足躺了兩天，才喘過氣。

親戚們一人一件，居然不多不少，每個人都說漂亮，而且跟著就穿上身，老丁拍了張合照回臺灣，見人就「秀」：「瞧瞧！全穿我帶去的衣服，我的禮沒白送吧！」然後叮囑兩個弟弟照辦。

弟弟們搖頭。

「我們都忙，沒時間收集衣服，我只打算給他們每人一個紅包，錢不多，意思意思！」大弟說。

二弟更乾脆：「我啊！請他們吃頓飯就成了，熱鬧熱鬧！」

不久，兩個弟弟都從大陸回來了，據說受歡迎的程度，比哥哥有過之而無不及。

「怪了！算算他們花的錢，跟我的禮物在價值上比起來，不見得多。而且我的禮，是親自扛去的，意義不同，怎麼好像他們反倒吃香呢？」老丁百思不解，正巧有個小同鄉回去，就請對方側面打聽打聽。

小同鄉回來，立刻向老丁報告：

「才見面，好幾個人就提及你弟弟請他們上五星級酒店吃大餐，說盤子有多講究，地方有多漂亮。也有人講你弟弟發紅包，人人有獎，非常大方。」小同鄉攤攤手：「可是就沒人提你送的衣服。有一天，我認出一個人穿的是你兒子的夾克，我就問。你猜他怎麼說？」

老丁搖頭。

「他說，舊東西，甭提了！」小同鄉頓了一下，笑道：「人都要面子，你的禮物再實用，如果不把面子做足，只怕收到的會是反效果。」

想一想

「老丁送禮」是個真實故事。據老丁的弟弟說，當他請完客，侍者送上帳單，好幾個親戚搶去傳閱。對著帳單「嘖嘖」有聲。

還有親戚偷偷說：「這根本就是吃地方、吃裝潢嘛！菜也不怎麼樣，卻貴得離譜。」

問題是，事後親戚間最愛談的，就是這頓飯。他們甚至四處對朋友宣傳：

「我有個臺灣親戚，請我上五星級酒店……」然後一五一十，加油添醋地形容。那不僅是喜形於色，而且是得意洋洋。

相反地，辛苦籌畫半年多，送的衣服都是上等材料的老丁，為什麼吃力不討好？

原因正如小同鄉所說：

「面子沒做足！」

請繼續看下一個故事。

疫苗醜聞

海外慈善機構的電報，一通接一通：

「你們再不支援，這個傳染病擴散開來，就要死人盈野了！」

「只有你們能製造這種疫苗，你們不救，還有誰來救呢？」

「你們是見死不救啊！」

衛生部長急得一天往總理辦公室跑好幾趟。問題是，政府有政府的預算，這幾年的財政赤字已經不得了，實在撥不出那麼多錢，去買疫苗支援海外啊！

倒是製造疫苗的廠商提議：

「我們有一批從市面收回的過期疫苗，還是管用的，可以免費提供。」

「真管用？」衛生部長問。

「當然管用！只是過了藥瓶上印的有效日期。你想想，誰能說十二月還有效的疫苗，一月就壞了呢？」

＊

大批疫苗空運到那個貧窮國家，甚至有十幾位醫生隨機前往，為民眾注射。

疫苗馬上見效，沒多久傳染病就被撲滅了。原來已經死寂的鄉村，又處處見到活潑的孩子嬉戲。他們尤其喜歡去醫療站吃，跟裡面的外國醫生要糖吃。

除了糖，有個醫生還拿了一把空藥瓶，給孩子當玩具。

＊

大新聞突然爆發了，這次爆發的不是疫病，是「醜聞」。

「那個有錢國家，真是為富不仁，居然拿過期疫苗給我們注射。」

藥瓶的照片被登在報紙的第一版，藥品有效期限印得清清楚楚。算算注射的時間，可不是嗎！連小孩都算得出是「過期疫苗」。

「他們是拿我們做試驗啊！」

「我們成了天竺鼠！」

「打倒為富不仁、暗中害人的帝國主義！」

人民的怒火像野火燎原般蔓延開來，連國際輿論都發出了譴責。

罔顧友邦人民生命安全，有損國家形象，而做出錯誤決定的衛生部長，黯然下臺了……

想一想

看完這個故事，你覺得衛生部長做錯了嗎？

他沒錯！若不是他送出疫苗，可能有許多人喪生。他實在是救了千千萬萬寶貴的生命。

那麼，人民的反應錯了嗎？也沒錯！因為藥瓶上寫得明明白白，有效日期已經過了。

沒有人能說「那不是過期疫苗」。而拿過期疫苗給人注射當然不對！為什麼不拿給他自己的人民注射呢！

他的人是人，我們的人難道就不是人？

以上所有的想法都沒錯，錯的是可悲的人性，而且這人性非常難捉摸。

一個人可能窮凶極惡地衝進餐館，大喊：「我要餓死了！不論什麼東西，快點拿出來給我吃。」

然後，當他吃飽了，可能又罵：「東西難吃死了！」

一個人可能每天到外面繞來繞去，撿些別人扔出來的東西，拿回家用。

但是當他的有錢親戚，送他幾件舊家具的時候，他卻斷然拒絕，甚至當場翻臉。

妙的是，一些非常富有的人，卻又可能跟朋友要小孩的舊衣服，你送他舊的書籍、玩具、錄影帶，他都欣然接受，一點也不覺得丟面子。

*

中國人是節儉的民族，東西自己用不了，又捨不得扔，覺得暴殄天物是罪過，於是拿去送人。送什麼人？常送不如自己的人。豈知這樣做，稍稍不注意，就傷了情。

記得我有一年去大陸登山的時候，旅行團裡的老人家，除了各買一支登山杖，還各雇一位「地陪」護送。

當幾天的旅程結束，大家回到山腳。老人家心想那昂貴的登山杖，扔了可惜，帶著又麻煩。就一起送給地陪。

驚人的畫面出現了——地陪們大聲吼著，衝到路邊，把手杖狠狠扔進樹林。

也曾有個學生對我說，當他參加完喜筵，把剩下的食物包回寢室，送給室友當消夜的時候，雖然一看就知道，都是賓客碰都沒碰的好東西。他的室友卻當場翻臉，把食物摔在地上。

舉了這許多例子，可能把你嚇得不知該怎麼送禮了。

其實說穿了，也不難。

送禮，有個原則，就是看對象。生活上短缺的朋友，你最好送他有實值的禮物；生活優裕的人，你可以送個有情趣的東西。送禮給前者，你的「姿態」要低，才不傷人；送禮給後者，你的姿態要平，才不顯得諂媚。

我曾親耳聽到，一位富有的朋友，明明把自己的房子借給親戚住，卻十分客氣地說：「謝謝你幫我照顧這個房子。房子要是沒人住，容易壞。」

我也親眼見到，一位鄰居在換窗子的時候，把還能用的舊冷氣機送給了工人。卻一面幫工人抬上車，一面說：「謝謝你幫我把東西處理掉，否則我真不知道怎麼辦。」

或許有人會說，這姿態未免太低。那麼我也要告訴你：

送禮，就是表示敬意、表示禮貌、表示尊重。

對方是怎樣的身分，你要送怎樣的禮。怎樣的禮，也正可以表示受禮者在送禮者心中的分量。

相對地，有多少能力，送多少禮。如果你沒有那個分量、那個心胸，就不要勉強自己。因為，如果送禮顯示了你的「優越感」，或讓對方感到「自卑」，都失去了送禮的意義。

想想！

＊

如果當初那送疫苗的國家，能在送之前，先很謙和地說：「我們的預算不足，但有一批稍稍過期，還能用的疫苗可以救急，行不行？」

對方一定高興還來不及呢！

如果那些登山的老人家，能換個方式對地陪說：「我這登山杖，不用了，不知該放在哪兒，能不能請你幫個忙？」

對方一定會高興地收下。

至於我那位學生，如果他先跟室友說：「今天晚宴，東西實在太多了，端上來，又照樣端下去，我包了一包回來吃，你也幫個忙，好不好？」

那室友八成欣然就食。

送者心安，受者心歡。不是兩全其美嗎？

記住：送禮是大學問，不但要送得「對」，而且要送得「巧」。

「實用」不等於「情意」；「價值」不等於「重量」。

你即使送東西幫助人，也一定要把對方的面子做足。

第四章　選擇自己的戰場

一個失去部隊的將軍，
還不如一個會作戰的小兵。

舉起來，扔下去！

麥克跟經理的對立，是愈來愈尖銳了。他甚至連總經理也不放在眼裡。

總經理兒子畢業典禮，記者去做了採訪，新聞送到麥克的「主播臺」上，硬是被麥克扔了出來：

「這是他家的新聞，如果每個學校的畢業典禮都播一段，我們乾脆把新聞改成『畢業集錦』好了！」

相反地，經理要「淡化」處理的新聞，麥克卻可能大作文章，硬是炒成焦點新聞，麥克說得好：

「是新聞，就是新聞，遮也遮不住，觀眾有知的權利！」

對！觀眾正是麥克的後盾，全國最高收視率王牌主播的頭銜，使麥克雖然只具有「記者」的職等，卻敢向老闆挑戰。

「把他開除！」總經理終於忍不住，火大地對新聞部經理說。

「我不敢！只怕前一天他走路，後一天我也得滾。」經理直搖頭：「他現在太紅了，每天單單觀眾來信，就一大落。」

「你說他現在太紅，倒提醒了我。給他升官，行了吧？！」

＊

公司新成立一個部門，由麥克擔任經理。

消息傳出，每個人都怔住了。

「總經理能不計前嫌，以德報怨，真令人佩服！」

「也可能總經理怕新聞部『一山難容二虎』，所以把麥克調升另一個部門。」

「不管怎麼樣，以一個記者，一下子跳做經理，未免太快了吧！」

麥克真是意氣風發，雖然不再報新聞，但是目前職位高、薪水高，而且負責企畫一個更大的新聞性節目，誰能說不是海闊天空任翱翔呢？

麥克確實是任翱翔。公司甚至推薦，並資助全部旅費，送麥克出國做三個月的考察。

麥克回國了，帶著成箱的資料和滿腔的抱負，開始大展鴻圖。

只是新聞性節目，總得向新聞部借調影片，一到新聞部，東西就卡住了。

「哈哈！麥克經理，你是一個部門，我也是一個部門，你又不屬我管，你有你的預算，還是自己解決吧！」新聞部經理笑道。

麥克告到了總經理那兒。

「他說得也對，你現在有自己的預算、自己的人手，應該自己解決問題！」總經理拍拍麥克：「你們兩個不和，我把你調開、升官，不要再鬥下去了！」

問題是，新聞不能再「演」一次，過去的資料片找不到，別家電視臺更不願借，麥克怎麼做呢？加上怕侵犯著作權，麥克連從書上拍一張圖片，都得付不少錢。英雄如麥克，也徒喚奈何了！

＊

部門成立一年，節目籌畫八個月，居然還拿不出來，而錢已經不知花下多少。

董事會裡，董事們開始罵：「好的記者，不一定能做好的主管！只見花錢、出國，不見成績！搞什麼名堂？」

報紙不時提到這件事，責難麥克不是領導的料，只會自己作秀。

總經理終於不得不把麥克叫去：

「你還是回新聞部吧！」

「我希望回去報新聞！」麥克說：「那是我的專長。」

「恐怕暫時不行，新的主播表現不錯，觀眾的反應不比你當年差。你還是先做做內勤，慢慢來，看經理給不給你機會。」

＊

麥克辭職了，他知道新聞部經理不會給他機會。做過了經理，他也拉不下面子，回去做個職員。

麥克離開，報上也登了消息，只是不過寥寥幾行。畢竟有負長官器重，因為表現不好而離職，不是什麼光彩的事。

想一想

不戰而屈人之兵，是最高明的戰法。總經理下的這盤棋，就是不戰而對付了麥克。甚至可以說，他逆向操作，每一步棋都是退讓、都是仁厚，連離開，麥克都無法罵總經理，甚至還得感謝總經理給他那樣好的機會。

當麥克平步青雲，自然會被同僚嫉妒，造成他潛在的孤立因素。

當麥克出國考察，他的人脈更被切斷。

當麥克獨當一面，也代表著他必須為成敗負全責。

當麥克離開「主播臺」，使他失去了群眾的資源、離開自己長才的地方。

當麥克黯然離去，很難獲得別人同情，因為他不是被擠下去，是自己幹不下去。他顯示的是「江郎才盡」或「黔驢技窮」。

相反地——

如果當年總經理把麥克開除，或麥克自己宣稱被排擠，而憤然離開。那情勢將完全不同，全國愛護麥克的觀眾，都會跟麥克站在同一線，他是悲劇英雄。

誰不同情、不崇拜「悲劇英雄」呢？到那時候，只怕真如新聞部經理原來所說——「後一天我也得滾！」

而悲劇英雄，必然立刻能被其他具「慧眼」的人重金禮聘，成為對付原來公司的「致命的敵人」。

*

一個軍隊的統帥，可以派他最不滿意的將領，去打一場九死一生的仗。打死了，正好除去眼中釘。打贏了，則是統帥用人成功。

一個公司的老闆，可以派他的眼中釘，出去經營分公司，或連鎖單位。表面看，那是升官，不去，就是不知好歹和抗命。去，則是遠離權力中心和拚命，拚死拚活都是老闆贏。

此外，與麥克被「降溫」同樣的道理：

當一個刑事案件，被新聞炒熱，成為民眾的注意焦點時，法官往往不得不順應輿情地「重判」或「輕判」。

不過別急！等拖上一段時間，新聞熱度過去，二審、三審還有翻案的機會。到時候，人們已經淡忘，反應自然不會太激烈。

*

在人生的戰場上，永遠要記得：

魚不能離開水，如果你靠群眾起家，就不能離開群眾。如果你靠某樣專業起家，最好不要被「調離」你的專業。即使被調開，也要保持聯繫，不能落伍。

當然，你也可能是了不得的大才，能從九死一生的戰役中凱旋。那時候打倒奸小，而獲「黃袍加身」的，自然是你。

第五章　迂迴的引誘

笨蜻蜓抱著自己的尾巴啃，
還以為抓到了一隻大肥蟲。

等不到的便宜

看看錶，還有三個鐘頭，小強衝出機場，他心裡只有一個目標——為菲菲買架最好的照相機。

這個念頭已經在小強心裡盤旋很久了。菲菲學生時代就愛攝影，總是背著相機。好幾次小強騎車載著她，菲菲會突然大叫「停車！停車！」嚇得小強猛煞車，兩個人差點同時翻倒。然後，就見菲菲舉起相機猛拍。妙的是，什麼貓打架、牛拉車，到了菲菲的鏡頭裡，都變得那麼美。連臺北的空氣汙染，也能拍成一片迷迷濛濛的夢境。

「菲菲要是有了新相機，就更棒了！」小強終於看到一家攝影器材行，趕快停住步子。對照相機，小強雖不內行，也不算外行了。尤其是這半年來，除了常問菲菲，只要看見有人照相，他總會盯著看，看那機器的樣子、品牌。他早打定主意，要為菲菲買一架全自動的美達相機。

「而且要是可以改變焦距的，這樣菲菲就不用帶好幾個鏡頭了。」小強一邊想，一面問價錢。儘管在香港這個購物天堂，美達相機還是不便宜的。尤其廣角二．八的鏡頭，更貴。

不過小強很精明，在兩岸做生意，跑了四年，他早練就了貨問三家不吃虧的本事。

「給我一張名片！」小強一邊把問好的型號和價錢寫在名片上，一邊對店員說：「這可是你們最低的價錢？我是要比價的喲！」

走出這家店，進入那家店。小強一家家比，而且愈問愈內行。

「那些店員單單聽我說出型號和特性，就知道我是行家。」小強得意地想：「價錢也自然會壓到最低。」

只是連走了好幾條街，價錢居然都差不多。小強正想就此停住，挑一家稍便宜的下手。所幸，最後的這家，終於走對了！

當對方說出價錢，小強幾乎不敢相信。「確定是美達G5，那種最新的機器嗎？」小強慎重地再問一次，心想怎麼可能比別家便宜四分之一。

「當然！我們是直接由工廠進貨，保證比別家便宜得多。」老闆笑道：「你買不買？還是要再比幾家？要就快講，我還得派人去拿貨。」

「拿貨？」

「因為我們價錢低，賣得快，剛賣完。現在要去拿，很近，五分鐘就拿回來了。」

小強看看錶，離回臺北班機的起飛時間，只有一個多鐘頭了。

「好吧！我買。」說著掏出旅行支票。

＊

問題是旅行支票早簽好了，派出去拿貨的小弟，卻過了二十多分鐘，還沒回來。

小強猛看錶。店老闆也著急，一直撥電話找，卻又撥不通。好不容易通了，原來因為倉庫沒貨，小弟又去了別的倉庫。

放下電話，老闆走到小強身邊，低聲問：「老弟！有一件事，我不太懂。你為什麼非要這種美達？」沉吟了一下，老闆緩緩打開櫥窗，拿出一架康尼的機器：「看你老弟也是內行人，你為什麼不買這種機器呢？你拿拿鏡頭看，多重！這是金屬的。哪裡像美達，是塑膠的。這種價錢不過貴一點點，可是好得多！」

接過機器，果然比在別家看的美達重得多。「多少錢？」小強問：「你可不能算貴了！」

「笑話！」老闆拍拍小強：「你問過幾百家了吧？為什麼挑上我？就因為我比別人便宜，對不對？」又拍了拍小強：「這只是建議，如果你堅持，我們就等美達。」

小強看看錶，又數了數身上的現款，連剩下的人民幣都湊上，還差那麼一點。

「那點錢算了！看你老弟這麼誠意，就賣給你吧！」老闆豪爽地笑著：「以後別忘了多介紹生意給我們。」

＊

一直到坐進飛機，小強的心都猛跳。他知道，那是興奮。他也知道，當菲菲拿到這康尼相機，會更興奮。

「如果在臺灣，只怕六萬塊錢都不只，誰想到，讓我歪打正著地碰上了！還買得這麼便宜。」小強的心跳更快了。

「天哪！一架康尼！我同事才買一架，我好羨慕，居然自己就有了。」菲菲把小強緊緊抱住親吻。

「是啊！才花了我一個多月的薪水呢！」小強說：「沒想到吧！」

抱著相機，菲菲突然抬起頭來，瞪著小強：

「你說多少錢買的？」

「合臺幣四萬塊。」

「笑話！我朋友在臺灣買，才花了三萬。」

想一想

看完這個故事，你或許要問：「如果小強非買美達不可，他是不是就賺到了？」

我的答案是：

小強會一直等下去，等到最後，小弟兩手空空地回來，說沒貨了。然後，老闆又向小強推薦康尼。

那老闆用的方法，可以說是騙術，也可以講是商人最常採取的推銷法。他的原則是，先讓你對他有信心，再釣你這條大魚。

譬如商店裡常會舉行大減價，而且在宣傳單上印明減價的東西和價錢。那都是真材實料，新出廠的好東西，當你拿著宣傳單，跟別家商店比的時候，會難以相信自己的眼睛：

「怎麼可能？便宜一半！」

然後，你趕去了那家商店。問題是，你只買減價品嗎？抑或你也順便買點別的？你一定會想：這家店的價錢錯不了，即使不減價的東西，也不致比別人貴。甚至由於這次建立了信心，你以後更成為這家店的「經常主顧」。他促銷的目標不就達到了嗎？

當然，也有不肖的商店，只擺出少數減價貨，當你去的時候，八成已經賣完了。這樣做是違法的，美國法律就規定，當宣傳的減價品已經賣完時，顧客得要求商店給予「持據」保證，在未來補貨時，以原先的價待價購買。只是，不肖的商人仍多，前面故事中，賣相機的商店，就是用這種手段，而且這種手段變化萬端。

請看下一個故事。

深海魚油

在世界各地旅行了十幾年，王老夫婦對這次的導遊最為欣賞。

「這個導遊真難得。」王老先生私下對其他人說：「他居然不向我們推銷東西。還勸我們不要買，太少有了！」

「可不是嗎？」王老太太也說：「上次我們去旅行，那個導遊一會兒帶大家買藥，一會兒登記買干貝、鮑魚，一會兒又一車人帶去買珍珠。簡直天天在推銷，結果一樣也不便宜。」

正說著，就聽那導遊小姐講了：

「這裡什麼東西都貴，連水蜜桃都不能買。那全是從北邊幾個島空運來的，這運費就不得了！所以啊！各位阿公、阿媽，你們好好把錢收著，千萬別亂買。」

這邊阿公、阿媽，心裡就更甜了。多可愛啊！一個講實話的女孩，比我女兒都誠實。

「王媽媽，您今年貴庚？」導遊小姐彎著腰，為王老太太把衣領翻好：「真的啊？看不出呢！怎麼看都只有五十多歲。」一站起身，對一車人笑道：「真奇怪！你們臺灣來的人，看起來都不老，一定是水土好。我外婆在臺灣，看起來也好年輕，不過她年輕是因為吃一種補品。」

一車人眼睛全亮了：「什麼補品？」

「不要裝了，你們怎麼可能不知道？」導遊小姐笑著用手指指這位又指指那位。

「我們是不知道啊！」

「你們不知道深海魚油？我才不信呢！連我的近視眼，都是吃深海魚油治好的。這是最新科學發現，主要產地就在本島。」

「深海魚油，我們怎麼不知道？」好幾位團員喊，王老太太更一把將導遊拉過去：「告訴我！在哪兒買？」

「王媽媽！我也不太清楚耶！我吃的也是朋友送的，據說產量很少，多半都出口了。」

接下來幾天，就見一車人總在交頭接耳，打聽深海魚油。導遊小姐又舉了幾個實例，像是活化血管、防止老人癡呆，甚至有人得了末期癌症，都用魚油治好了。

「那種魚很少浮出海面，所以很難抓。」導遊小姐用兩手在空中做出撥水的樣子：「我看過影片，牠們在深海游泳，好美呀！據說這種魚能活到好幾百歲。」

「怪不得深海魚油能讓人長壽！」王老太太說。

「可不是嗎？您要是吃了，就看來只有四十歲了！」導遊小姐伸手摸摸王老太太的臉。

一車人全笑了。

七天的旅遊，一下子就過了。大家都很開心，加倍給導遊小姐小費。臨上飛機，還謝謝她到處為大家蒐羅深海魚油。一瓶才合一百五十美金，這種仙丹，多便宜啊！

想一想

看完故事，你能不佩服這位導遊小姐的功力嗎？每個人在參加旅行團之前，都警告自己，別亂跟著導遊採購，讓導遊賺足了佣金。

可是這位導遊，從一開始，就讓你的假設失誤了。

於是，大家開始欣賞她、信任她，終於託付她。她何必介紹你去買那些便宜東西呢？一瓶美金一百五十元的深海魚油，多輕！多方便！多值錢！

而且，你多高興！

這種技巧與前面故事的原則是一樣的。先得到你的信任，再做到你的生意。而且功力更高，更合法，也更有人情味兒！

再讓我們看下一個故事。

眾「妄」所歸

「曾太太好！」

「曾太太好！」

「曾太太好！」

曾太太才進這家超市的門，大家就爭著跟她打招呼。

曾太太是老顧客了。即使她是新顧客的時候，也讓人覺得她是老顧客、老朋友。她是那麼親切。不！應該說是「海派」。

「不用找了！不用找了！」你看！買八十塊錢的東西，過去一百元大票子，居然說「不用找了！」

「曾太太，要不要借錢哪！我有！」那邊李大媽跟曾太太開玩笑。大家都知道，上次曾太太買東西，臨時忘了帶錢，跟李大媽借了一千塊。第二天，曾太太穿旗袍、高跟鞋，衝進來，就丟給李大媽一千五，然後一邊衝出門，一面回頭喊：「那五百算是利錢！」

一千塊，過了一夜，就成了一千五，怪不得李大媽要借錢給她。

前些時，曾太太在東區開精品店的時候，倒還真跟李大媽和黃老闆調過十幾萬塊，也沒多久就還了，而且都加上驚人的高利。

「曾太太！開精品店多沒意思，您什麼時候開銀行啊！」黃老闆從裡面探出頭來。

「你問得好！我正打算開家大餐廳呢！你投不投資？」曾太太半真半假地笑道。

「投！投！當然投！」黃老闆走出來，做成掏口袋的樣子：「要不要我馬上開支票？」

「我也投資！」「我也投資！」李大媽跟溫小姐也隔著櫃臺喊，連買菜的幾個老主顧，都過來打聽。

曾太太的餐廳，據說樓高七層，全是名家裝潢。還沒開張，超市裡的員工和老朋友們，已經人手一張金卡。憑卡可以八五折優待。

「股東嘛！當然是VIP！」曾太太說：「開張那天，你們一定要到。」

*

想必這餐廳真不簡單，曾太太忙得幾個禮拜都沒來了。李大媽打過電話，不通。黃老闆也開車過去，一條街開了好幾趟，都沒看見什麼正在裝潢的大餐廳。大家全傻了，你問問我，我問問你。原來以為大家不過借給曾太太幾十萬。結果說來說去，各人偷偷不知又借給她多少，加起來只怕三百萬都不只了。

居然沒人知道曾太太的住址，曾太太是幹什麼的啊？

想一想

這是個在我們身邊不斷上演的故事，只是「戲法人人會變，各有巧妙不同」。說來說去，還是同一種技巧——先博取你的信任，再得到你的「重託」。

我們不能說，像曾太太這樣的人，一定在起初就打定主意行騙。人都有急用時候，這世上也有許多豪爽的人。但我們也要知道愈是靠豪爽、海派，起來快的人，愈可能一下子倒下。想想，像曾太太這樣，今天借一千，明天還一千五的作法，能做生意嗎？結果她可能向別人借了還你，又向你調錢去給別人。早一步拿回錢的人賺到，晚一步的人則落得血本無歸。多少倒掉的非法投資公司，不正是如此嗎？賺到的人別高興，因為你賺的是別人的血本。賠的也別傷心，因為你追求不合理的利潤。

記住！我們不必去假設人人都是壞人。但要知道，這世上不合理的好處，是不能拿的。不合理地去信任別人，是危險的。即使你因此得到好處，也可能是不道德的。

第六章　功高不震主

跟主子穿一條褲子打出天下的臣子，常第一個被殺掉。

小石變法

自從小石成為董事長的特別助理，各單位的主管都緊張了起來。因為隨時一通電話，就可能忙得雞飛狗跳，稍稍反應慢一點，小石自己便衝了下來。

畢竟是留美的企管博士，雖然年紀不過三十出頭，辦事效率可了不得，進公司沒多久，把每個單位全搞清楚了。

當然搞清楚也就有了麻煩，不見那張經理、王副理，分別捲了鋪蓋嗎？前一天小石才在他們的單位轉一圈，翻了翻本子，第二天居然就發下了免職通知。從小石進來，原本已夠精明的董事長，更是如虎添翼，事事能洞燭機先了。

當然董事長也真了不起，雖然受的教育不多，但是知人善任，所以公司能由當年一個廠長，加上管會計的華小姐，和幾個工人，發展到今天上百人的大規模。人人都說廠長沒有華小姐，不可能把財務抓得這麼穩；華小姐若不是把命賣給公司，也不可能拖到今天仍然未婚。

小石跟董事長非親非故，還不是一次面談，就得到那麼大的權力！董事長的道理很簡單：

「時代不同了！需要用現代方法與觀念來管理，才能禁得起考驗，聘個外來的年輕人，沒有舊的瓜葛，做事放得開手，也顯得客觀。」

幾乎每次主管會議，董事長都要當著大家誇小石，說要由小石幫他，為公司做一次全面的整頓，改善公司的體質，衝得更高更遠。

＊

小石的評估計畫終於出爐了，所有的主管都屏息以待，看看要怎樣「變天」……

「在了解每個部門的作業之後，我覺得公司需要全面電腦化、透明化，把所有的資料全部輸入電腦。要查哪批貨、哪筆帳乃至估價的細節，一按鍵就清清楚楚地出來，既增加了效率，減少了自由心證和人情干擾，又可以防弊！」

小石把一份厚厚的計畫書，交給了董事長：

「上面寫得很詳細，連電腦的容量、機型，都做了評估，花不了多少錢。您只要交給採購部門，找人估價就成了。到時候我會協助安裝，並教大家使用……」

「好！好！好！我來看看！」董事長頻頻點頭，又轉過身：「華小姐，你也研究研究！」

一個月就能辦妥的事，居然拖了近半年。難道董事長和華小姐要研究這麼久嗎？不過每次開會，他必定豎起大姆指，大聲說：

「石博士這個計畫真是太偉大、太偉大了。哈！哈！哈！我愈看愈佩服，一定要做！一定要做！」

大家就猜到小石很快會升到一級主管，果然董事長在會議上宣布了這個消息：

「石博士留美多年，我們公司應該積極借重他的長才，以開拓海外市場，所以我決定設立美國辦事處，請石博士擔任駐美代表，同時為了使他無後顧之憂，公司要為他在美國買一棟房子，全家的機票、搬家和子女的教育費，全由公司負擔。」

多麼優厚的待遇啊！人人都露出羨慕的眼光。

只是公司的全面電腦化，要由誰來負責呢？

「我正在研究！」每次有人問，董事長都這麼說：「一定要做！一定要做！」

想一想

許多人讀這個故事，都會說小石功高震主，董事長為了讓他遠離權力中心，所以把他外放。

實際故事中的功高震主，並不合於功高震主的「狹義」解釋。狹義的功高震主，是當臣子的功勳太高、權力太大時，有將「主」推翻，取而代之的可能性，使「主」為之震動，而不得不將這個強臣除去。

至於功高震主的「廣義」解釋，就複雜多了，最少我們可以歸納成以下兩種：

一、對主的了解太深，或因為與主太熟，恃寵而驕，造成「功高震主」。譬如歷史上許多幫助草莽出身的皇帝打天下的臣子，後來沒有好下場。不見得因為他們可能奪權，而是因為當「主」成為了所謂「真命天子」時，在萬民眼中，他是龍；在當年穿同一條褲子的老伙伴眼中，仍然是普通人。做了龍的主，是無法忍受被視為凡人的，所以那些不知道跪在地上高呼「吾皇萬歲萬歲萬萬歲」的老朋友，便要被一一除去。而且為了避免世人責怪他不念舊情地殺功臣，往往要羅織大的罪名，以便堂而皇之地下手。又因為這些老臣，有許多班底，凡不歸順，甚至敢挺身說話的，也可能被一併除去。

這種情況也常發生在夫妻之間，許多由貧苦環境中奮鬥出頭的夫妻，不能白頭偕老，是因為當昔日的貧賤小子，成為眾人偶像時，在他老婆的眼中，卻仍然是個平凡人。當世人都認為他的學問浩如煙海的時候，在妻子的眼中，卻一清二楚，知道他不過讀了那幾本書。當他在餐桌上高談闊論時，坐在旁邊的妻子卻心中暗笑，丈夫談話的內容，她已經聽了幾百次。

於是當有一天那成功的男人，遇到崇拜他的女子，再與常冷言冷語、傷他自尊心的妻子相比時，極可能放棄糟糠之妻。

二、因為做事的方法太直，可能對主造成傷害，以致震主。譬如一個草莽英雄革命成功，為了建立秩序，他需要良好的司法制度；也為了表現興利除弊，去除舊社會的腐敗，他必須整肅貪汙。

這時候，他要面對許多困難。其中包括幫他革命的老朋友，這些老朋友很可能正是貪汙者，他們自然成為阻力。為了表現大公無私，作「主」的，常不得不對老朋友開刀。

接著的問題，是「主」本人，或他的家族，也可能有不法的事。當司法和監察制度真正建立時，他自己也難逃被調查的命運。這時作主的，便不得不放緩原有的步子，甚至到頭來成為改革的阻力。

又譬如某廣大違建區，為了保護自己的利益，而集中力量支持某民意代表當選。但是當那個代表正進入議會，為了政治良心和整個社會的利益，可能漸漸改變原來反對拆除違建的立場。於是在下次選舉，違建戶們大力杯葛，使他落選。此處的「主」是違建戶，那功高而不聽使喚的，則是他們原先選出的民意代表。

小石的功高震主，正是因為他的大力改革。起初雖然對董事長有利，但到後來，卻可能因為使公司太「透明化」，造成對董事長有害，而遭到「外放架空」的命運。

整個歸納起來，我們要知道：

一、當共事的老夥伴，突然之間發達得近乎神化的時候，他會由於總想聽見別人的讚美，而有些騰雲駕霧。這時如果你發現他不再是原來能「察納雅言」的老朋友，再不然早早拆夥、離開他。再不然，恐怕你就也得跟著眾人拍馬屁。

相反地，如果過速成功的是你，便應該時時檢討，自己是否犯了「自以為神」的毛病，因為這常是造成你「富不過三年」或「富不過三代」的原因。

做一個「主子」，如果沒有主子的格局，在今天，是很難長久的。

二、在主子的眼中，臣子是他的工具，法律也是他的工具。除非他有天下為公，或以「法治」而非「人治」的觀念和心胸，那工具對他有利時，他會重用；無利時，他就要除去。

中國有句成語——「芳蘭當戶，不得不鋤」，正是這個道理。如果那芳蘭不是長在門前，而是生在窗前，不但不會被鋤，反倒可能被「供養」。

所以如果你自認是芳蘭，卻不能為上司重視，甚至被視為眼中釘時，先要想想自己是不是「當了戶」，是不是擋了路?!

第七章　與敵人共枕

當「哥兒們」有一天當上了警察，
原來的哥兒們，就不再好做哥兒們了。

牛馬逃亡記

「姓牛的！姓馬的！你們做牛做馬啊？半夜不睡覺，窸窸窣窣幹什麼？」

「姓畢的！姓崔的！給我閉嘴，小心我修理你們！」

「一〇一、一〇二！你們又吵什麼？」獄警衝過來。

「一〇一半夜不睡覺，搞些奇怪的聲音，吵得我們沒法睡！」一〇二的小畢和小崔，向獄警告狀。

「搞奇怪的聲音？」獄警轉向一〇一：「你們搞什麼鬼？」說著打開對講機。沒半分鐘，趕來了一群獄警。

「站到一邊去！」獄警打開一〇一四室的門。另外幾個獄警則衝進去檢查。床褥被翻開了，牆上掛的圖片被一張張撕下來，馬桶被搖了又搖，窗子四周也作了詳細的檢查。不過都沒問題。

「下次半夜再吵吵鬧鬧，把你們全關『黑房』！」獄警把門鎖好，對著一〇一、一〇二吼道。

＊

小馬和小牛嚇得面無人色，他們倒不是怕關「黑房」，而是怕被發現。所幸剛才反應得快，又偽裝得好，不然這兩個多月的努力就白費了。

只剩下最後一塊磚，把那塊磚挪動之後鑽出去，順著水管爬到地面，再趴在車子底下混出門，小馬和小牛就自由了。

正因此，他們最近加緊趕工。偏偏隔壁一〇二的小畢和小崔，總是找麻煩，今天差點壞了大事。

晚上兩個囚房的人都沒睡好，早上見面也就分外眼紅。你瞄瞄我，我瞄瞄你，一言不合，大打出手。

四個人全關進了黑房。

＊

三天之後，放了出來。由獄警押回一〇一和一〇二，只是，站在囚房門口，四個人全傻了。

「你們不是合不來嗎？好！看看你們有多合不來。進去打吧！」獄警笑道：「小馬、小畢回原來的囚房。小牛和小崔掉換！」

小馬和小崔進了一〇一。小牛和小畢進了一〇二。這獄警多毒啊，把兩組死對頭，分別關在一起。

全監獄的人，都等著看好戲了：「非出人命不可！」

可是一天、兩天、三天過去，居然沒傳出一點聲音，倒是從第四天開始，夜裡又有些窸窸窣窣，從一〇一傳出來。

「小馬哥！小馬哥！你還在搞哇！」小牛隔著牆壁壓低了嗓門叫：「你難道告訴那個混蛋，要帶他一起走啊？」

「小崔！你這個忘恩負義的東西！」小畢也喊：「居然跟那個姓馬的混蛋合作，小心我剝了你的皮！」

小馬和小崔都不吭氣。最後一塊磚終於鬆動了，就在第六天深夜，大家都熟睡的時候，兩個人鑽出去，溜下了水管。

只是才落地面，就被埋伏好的獄警抓個正著。

兩個人罪加一等。小畢和小牛則獲得了嘉獎。

想一想

這個世界上，很難說有永久的朋友，和永久的敵人。

當原先的「互利」變成「互害」，在利益上有了衝突，則原來的朋友可以變成敵人。當原來的「敵對」，變成「共榮」，在利益上可以結合，則原先的敵人可以成為朋友。

此外，當一個人的立場改變，也會造成變化。譬如一群從小混幫派的「哥兒們」。當其中有人進入警校，成為警察之後，跟原先「哥兒們」的關係，可能即刻成為對立。

連在學校裡，許多老師（或同學）都會故意把那最頑皮的學生選為「風紀股長」。也就這麼妙，從當上風紀股長，那頑皮學生可能立刻就不頑皮了。非但不頑皮，而且會去糾察原來跟他一起搗蛋的同學。

政府的官員何嘗不是如此。做一天和尚撞一天鐘，做什麼和尚撞什麼鐘。他可能前一天是民意代表，專找某單位的麻煩；後一天，他成了那個單位的主管，卻不得不為那個單位辯護。

了解這一點，你在批評任何人之前，都應該想想，是他這個「人」與你對立，還是因為他今天的職位和立場，使他不得不與你對立。進一步想，如果有一天，他卸下這個工作，是不是問題就解決了。

這就是所謂「對事不對人」！

要知道，每個人都有良知，每個人也都有眼睛會看、耳朵會聽。一個人似乎沒了良知，也似乎不看不聽，很可能不是「他」的原因，而是因為他處的「位置」。

正因此，戰爭結束，我們懲罰的是後面的領導者，而不是在前面殺人的士兵。

*

你也要知道，在政治的爭逐當中，常為了取勝而用「二分法」，使敵我變得更分明也更對立。這是手段，而非實情。

譬如在國父孫中山革命的時候，喊出口號的第一條就是「驅除韃虜」，顯然把「滿人」列為頭號敵人。但是革命一成功，就改口為「五族共和」。

「驅除韃虜」，是口號，是立場，是把敵人劃清楚的二分法。而不因為「滿族人」都是十惡不赦的壞胚子。

*

記住！在這世界上，每個人的立場都可能隨時改變。連史懷哲這樣偉大的醫生，都因為出生在德國的阿爾薩斯，而在一次大戰時，從他行醫的非洲，被法國人押進俘虜營。

要知道，阿爾薩斯距法國邊界只有一點距離，它在史懷哲出生前五年，還是法國的領土呢！只因為生的地方不一樣，就造成立場上的敵對，是多麼可悲的事！

所以，一個成熟的人一定要知道——在看別人立場的時候，不可忽略那個「人」。絕對不要用立場否定「人」，或否定「人性」。

因為有一天，你也可能換成對方的立場。如同前面故事中的小牛和小崔，你原來的朋友，一下成了敵人；你原來的敵人，又一下子成為了朋友。

請繼續看下一個故事。

等到這麼一天

叮……叮……「喂！部長辦公室。」

「請問尹部長在不在？」

「對不起，他出去開會了，您是陳總經理吧！」

「是啊！朱祕書，你真厲害，一聽就知道是我，尹部長有了你，真是如虎添翼，讓我們都羨慕死了！」

「您過獎了！只盼有一天，我離開這兒，你能賞碗飯吃。」

「賞碗飯吃？你說的什麼話。高薪禮聘還來不及呢！只是，能有這個榮幸嗎？真能等到這一天嗎？尹部長不會放人的！」

*

尹部長居然放了人。

其實朱祕書和尹部長不痛快，早不是一天的事，只是外人不知道罷了。自從陳總經理說了那番話，朱祕書更是有恃無恐，有一天居然跟尹部長拍了桌子，提起包就走了。

＊

「陳總經理您好！我是朱祕書。」

「朱祕書？哦！就是尹部長辦公室……」

「我離開了！」

「離開了？你不是做得好好的嗎？」

「就是不好啊！所以打電話給您。您上次不是說可以賞碗飯吃嗎？」

「哪兒的話！哪兒的話！我立刻安排，立刻安排！麻煩你把家裡電話告訴我祕書，我會交代下去！來！宋祕書，你接一下朱小姐電話！」

電話才掛，陳總經理就打給了尹部長。

「部長！剛才接電話好像不是朱祕書啊！」

「她走了！不幹了！」

「她不是挺能幹嗎？」

「能幹歸能幹！要走也留不住！」

「大概是被您寵壞了吧！」

「我不寵人，公事公辦！聽說她要到你那兒去？」
「哎呀！部長大人您怎麼這麼說。您想我可能用她嗎？」

想一想

看完這個故事，請問陳總經理會不會聘朱小姐？
不會！為什麼？他不是早答應朱小姐，會重金禮聘嗎？
不錯！但是只要你順著理路想下去，就懂了：
一、陳總經理為什麼會對朱小姐說那麼好聽的話？
那是因為他總要透過朱小姐找尹部長，拉著朱小姐，辦事會方便得多。
二、陳總經理能不能聘朱小姐？
當然不能，因為跟尹部長鬧翻的人，如果陳總經理聘了，豈不是會惹尹部長不高興，懷疑陳總經理挖了他的人。
三、尹部長如果與陳總經理有業務關係，容不容許陳總經理聘朱小姐？
當然不願意！即使他不能阻止，最少也會忌諱。因為自己的機要祕書成為別人的，就如同自己的下堂妻嫁給了熟識的人（或敵人）。不但面子掛不住，而且多少業務機密和自己的隱私，都可能落到對方手裡。

再進一步想，在尹部長那麼位高權重的地方，尚且敢說不幹就不幹的人，陳總經理又留得住嗎？一個對原來老闆拍桌子的職員，又一定會效忠下一位老闆嗎？

*

這個故事雖然很普通，卻說出了一個大家不能忽略的事實。

你絕不要以為站在今天職位上，所獲得的推崇，當你換了職位，依然能夠保有。當你在大公司工作順意，似乎外面廠商、客戶都對你奉承有加、形同兄弟的時候，你千萬不可樂昏了頭，甚至想：「如果我跟老闆鬧翻了，自己出去另立門戶，大家都會跟著我走。」

據統計，客戶跟著業務跳槽的比例是非常低的。因為：

第一、原來的廠，已經合作很久，既然沒出問題，何必自找麻煩換地方。

第二、原廠的老闆也是老交情，甚至交情遠在那跳槽的業務之上，何必為個部屬得罪老朋友。

第三、許多人認廠不認人。如同貓常常認屋子不認主人一般。這是一種人性。

第四、做老闆的常向著做老闆的。他下意識也不會願意跟著對方老闆的叛徒跑。何況這樣做，會給自己手下留個壞榜樣。所謂「己所不欲，勿施於人」。何必呢？

第五、當有人跳槽另起爐灶時，原廠為了留住老客戶，並打擊新對手，常會加強服務、降低價錢。既然已經在這「矛盾之間」獲利，也就不必換廠了。

由此可知，除非你自立門戶之後，條件遠優於原來的東主，你是很難在短期獲勝的，即使獲勝，也常會兩敗俱傷。

所以，不論跳槽或自立門戶，都得好好策畫，而不能因為自己「狐假虎威」得到些掌聲，而錯估形勢。否則，你會敗得很慘，甚至慘到在原來的圈子待不下去。如同前面故事中的朱小姐，不是她能力不足，而是因為尹部長的權位太高。除非尹部長失勢，朱小姐在原來圈子，是很難混下去的。

話說回來，如果當初朱小姐能夠高高興興，找個藉口辭職，為老闆做足面子。然後或者出國進修，或者先進入一個不相關的行業工作。待上兩年之後，再轉入陳總經理的公司，則大有可能。

這是很重要的一種跳槽技術，不論你是用人的老闆，或打算跳槽的職員，都必須知道。畢竟：

「轉進」比「撤退」好聽；「杯酒釋兵權」比「平定三藩」來得省力啊！

第八章　高明攏絡術

用非常的手段，應付非常的對手，
這是千古不易的道理。

高人出手擋不住

「這小子最近有筆大生意過我手上，我不打算放水，所以今兒準沒好事。你講話小心，什麼都不能答應。就算幫忙也辦不到，更絕對別占他便宜，他給什麼都不能拿！」臨下計程車，他還叮囑老婆：「三請、四請，面子上不能不去，我可是真不願意。所以他要開車來接，我都回了，我說『你要是來這一套，我就不去！』咱們這包禮也不輕，抵得他一頓飯，兩不欠嘛！好聚好散，老同學一場。」又轉身捅了捅兒子：

「你也聽著，別拿人家東西，事關老子的操守，不是開玩笑的！」

＊

有錢人就是有錢人，院子大得像個小公園，還帶荷花池呢！池邊木蓮樹，正開著一朵碗大的白花。

「在臺北，這已經是稀有的植物。」他感懷地說：「小時候，我家院裡有一棵，公家改建挖掉，十幾年不見了。」

「挖起來送你，如何？」主人笑道。

「笑話，我哪兒有院子種？」心裡一驚，他馬上把臉垮了下來，回頭看老婆，正在那兒讚賞女主人的衣服：

「這名家款式的衣服，只有你這高個兒穿起來漂亮！」

「這哪兒叫款式？沒腰沒身的，誰穿都一樣，不信換給你穿穿看！」說著就把他老婆往裡屋拉，卻被他及時吼住了。

紅木大圓桌，薄胎米瓷，外加銀托銀蓋，菜更不用說了。

「桑島的海鮮、尋香園的排翅、福壽齋的小點心……」主人一樣樣介紹：「你堅持不上館子，我只好出去打點了。要是再來個你老家的名產汾酒，就更妙了！對不對？哈哈哈……」

他支吾地點頭，心裡卻在計算一桌菜的價錢。

啪！主人一擊掌：「你老哥這一點頭，我還真想起，多年前有位高人送過這麼一瓶酒，沒捨得喝。」說得打開酒櫃。

他趕緊衝過去阻止：「已經開了一瓶XO，不要拿別的了。」

「哈哈！你慢了一步。」砰地一聲，主人已經打開了瓶蓋。

「不成！不成！放回去。」他脹紅著臉堅持。

「已經開了嘛！老同學，不要這樣嘛！你不喝，我喝行了吧！」

正巧那邊兒子打翻了果汁，太太急著拿餐巾擦桌子。

「桌子沒關係，應該先照顧小孩兒嘛！」倒是女主人掏出白手帕，跪在地上為孩子擦拭，跟著自己進去換了衣服，想必身上也被弄髒了。

「都十七歲，明年考大學了，還跟小孩子一樣冒冒失失的。」他皺著眉對孩子說：「快點吃完，自己坐車去補習。」

「我們送他。」

「不用！他認得路，每次到附近打電玩，都自己坐公車。」

「打電玩？」

「可不是嗎？非要玩那種叫什麼『火鳥』的進口機器，動不動就是幾十塊錢！」老婆拍著兒子，還笑呢！

餐後四個大人坐在荷花池邊聊天。木蓮的香，讓他有些陶然，卻又不得不隨時提高警覺，所幸男主人居然沒再提那筆生意。

*

告辭已是近黃昏了，女主人提個小袋子出來，拉著他老婆的手：

「你老公說什麼禮也不准送，我們女人例外。而且是舊的，我原來穿的那件，剛才已經叫佣人送出去改過，下襟剪短，一定正合適！」
他老婆嚇了一跳，近乎尖叫地喊：「不行！不行！」聲音直發抖。
「唉！剪都剪了，我也不能穿了，又不是新衣服，你怎麼這樣呢？」
老婆回頭看他，兩眼惶恐。他點了頭。
「這才對嘛！」男主人拍拍老同學的肩膀：「你不准我送東西，一根小樹枝總成吧！」舉手便折下那朵木蓮花，遞到他手上：「童年！童年！回憶一下。」
他的臉又脹紅了，倒退著往大門移動，豎直食指：
「君子一諾啊！不准開車送。」
「當然！當然！」男主人舉起雙手做成投降的樣子：「而且車子送令郎去上課了，等在補習班門口，說不定正送令郎回家呢！」
七天之後，他的孩子再不用老遠到天母打「火鳥」了，因為有人運了一臺到門口。他一生不曾見過孩子那副興奮的樣子，東西又沒處退，只好留了下來。
十天之後，他又看到那個案子。猶豫了一整天，臨下班，批了「可」。

想一想

「他」為什麼會簽原本不打算批准的公文？
因為接受了對方盛情的款待，並收了禮物！
但是讓我們回想一下，「他」得到了什麼？
不過是一餐豐盛的午飯、兩瓶酒、一件衣服、一朵花、孩子上下補習班的一趟私家車接送，和一個電玩。全部加起來，也值不了什麼錢！
「他」不是原先堅持不接受對方的餽贈嗎？為什麼還會接受？
這就是故事的重點了——
因為那都是無法拒絕的東西，當他要拒絕時，已經來不及了！
那不是新臺幣一百萬、一輛車、一只都彭打火機或一只勞力士金錶，那些具有有形價值，又可以退還、拒收的東西！
菜是由各大餐館叫來的，你能退嗎？
酒已經「砰」地一聲打開了，你能再密封得跟以前一樣嗎？
白手帕為孩子擦身體，你能讓手帕不髒嗎？
衣服已經剪短了，你能再把布接回去嗎？
唯一一朵木蓮花已經折了下來，你能使它長回去嗎？
孩子已經送去補習班了，你能叫時光倒流，車子退回嗎？

電玩已經放在你的門前，你能運回給不知名的發貨人嗎？（雖然你猜到是誰送的，但無法證明！）

送禮人的高明，就在這兒了！他知道你不會接受，所以送出你不得不接受的東西。

＊

有一種人敬酒，你非喝不可，因為他說：

「如果你看得起小弟，就一定喝了這杯，我先乾為敬！」

一仰頭乾了杯，你能不喝嗎？不喝就是看不起他。

更狠的人，是當他把酒倒入口中，酒杯先不離嘴，兩眼圓瞪瞪地盯著你，看你喝不喝。如果你還是不喝，他一低頭，原來「含」在口裡的酒，又吐回了杯子！

真髒！也真狠！

問題是，世上多少英雄、豪傑，堅守原則的人，就這樣不得不妥協了下來！

＊

日本幫會的人犯了大錯，常自己切下一截小指，呈給幫會的長老或被虧欠的人，對方如接受那用白布包著的血淋淋的手指，就表示原諒犯錯的人。

有幾個人看到這種場面，會不接受呢？
手指已經切下，再也接不回去，你忍心不接受嗎？

*

當禪宗大師慧可，拜達摩為師的時候，達摩本來不想收，但是後來為什麼收了呢？
因為慧可砍下自己的手臂呈上去！
連達摩祖師這樣「定」的人，都不得不改變初衷啊！

*

再往前想吧。
西元前二二七年，燕太子丹用什麼方法，使荊軻願意赴那「壯士一去不復還」的死亡約會——刺秦王？
很簡單！也很不簡單！
當荊軻跟太子丹出遊，撿地上瓦片「打水漂」玩的時候，太子立刻捧上金塊替代瓦片。
當他們一起騎千里馬出去，荊軻無意中說了一句「千里馬肝美」，太子立刻殺了千里馬，把馬肝奉上。

當荊軻看到彈琴的美女，讚賞一句「好巧的一雙手」時，太子立刻把美女的雙手剁下，用玉盤盛來送給荊軻……

好狠的燕太子丹！又是多麼懂得「送禮之道」的燕太子丹哪！因為他知道，最毒的禮，是當對方想拒絕時，已經來不及的東西。儘管「千里馬的肝」和「美女的雙手」，都是那麼不合情理地被犧牲，卻如同「慧可的手臂」一般，教你無法「不領這份情」！

怪不得荊軻要感嘆地說：「太子對我太厚了！」

*

總而言之，這世上送「有形禮物」給你的人，並不可怕。真正可怕的，是以一種莫名其妙、毫不合理的方式，捧上禮物，又使你不得不接。即使不接，也不得不百分之百領情的人！

如果真碰上這種人怎麼辦？

一、你要保持高度警戒，在他開酒、折花、掏手帕之前，先一步擋住他！

二、你用苦肉計對苦肉計。將那電玩放在門口，任它日晒雨淋，或捐給公益團體。

三、把那名貴的衣服捐去慈善義賣，再送一個大紅包，給載孩子上下課的司機！

用非常的手段，應付非常的對手！這是千古不易的道理！

第九章　先說先贏

情歸情、理歸理，
好話醜話最好都說在前面。

誰教你不早說

從鄉下的老厝，搬進臺北的高樓，小李真是興奮極了。樓高十八層，小李住十七樓，站在陽臺上，正好遠眺市中心的十里紅塵。唯一美中不足的，是小李那十幾盆花。陽臺朝北，不適合種。適合種的東側，卻只有窗，沒陽臺。

「何不釘個花架呢？什麼都解決了！」有朋友建議，並介紹了專做花架的張老闆給小李。

只是，自從決定裝花架，雖然還沒釘上去，小李卻一直做惡夢。夢見花架釘得不牢，花盆又重，突然垮了下去，直落十七層樓，正好掉到路人的頭上，當場腦漿四濺……

小李滿身汗地驚醒，走到窗前，把頭伸出去往下看。深夜兩點了，居然還人來人往，熱鬧非常。想想！這時候花架掉下去，都得砸死人。要是大白天出了事，還能不死一堆？

想到這兒，小李打了個寒顫。可是，花架已經訂了，花盆又沒處放，看樣子，是非釘不可了。

＊

釘花架的那天，小李特別請假，在家監工。

張老闆果然是老手，十七層的高樓，他一腳就伸出窗外，四平八穩地騎在窗口。再叫徒弟把花架伸出去，從嘴裡吐出鋼釘往牆上釘。

張老闆活像個變魔術的，不知道事先在嘴裡先含了多少釘子，只見他一伸手就是一支，也不曉得釘了多少。突然跳進窗內：

「成了！你可以放花盆了。」

「這麼快！夠結實嗎？花盆很重的！」小李不放心地問。

「笑話！我們三個大人站上去跳，都撐得住，保證二十年不成問題，出了問題找我。」張老闆豪爽地拍拍胸口。

「這可是你說的。」小李馬上找了張紙，又遞了支筆給張老闆：「麻煩您寫下來，簽個名。」

「什麼？還要……」張老闆好像不相信自己的耳朵。可是，看小李滿臉嚴肅的樣子，又不好不寫，正猶豫，小李說話了：

「如果你不敢寫，就表示不結實。這要掉下去，可是人命關天，不結實的東西，我是不敢收的。」

「好！我寫我寫。」張老闆勉強寫了保證書，擱下筆，對徒弟一瞪眼：「把傢伙拿出來，出去！再多釘幾根長釘子，出了事，咱可就吃不完兜著走了。」

說完，師徒二人，又足足忙了半個多鐘頭，檢查再檢查，才氣喘吁吁地離去。

想一想

這是個發生在臺北的真實故事，只是後來，故事的主角小李對我說，他還是放心不下，而一直想，會不會張老闆起先只是馬馬虎虎地釘，直到發現他要簽保證書，才出去補救。

「我怕他先釘的釘子根本不夠長，可是能釘的地方已經釘滿了，後來雖然要補大釘子，卻沒什麼地方能補下去，因此，用了那麼多時間。」小李對我說：「如果我在他釘之前，先講明要他寫保證書，事情恐怕就好得多了！」

他的這句話，可以說「正中要害」，也是我這篇文章要討論的重心。

記得我有一次叫工人送印好的新書來，書很多，堆了一落又一落。因為堆得不很整齊，我特別請工人別堆太高，免得地震時倒下來傷人。

幾千本書總算堆完了，我看工人忙得汗流浹背，除了運費，還額外給了他不少小費。

看小費，他怔了一下，很不好意思地說：

「哎呀！早知道你要給我小費，應該特別給你堆整齊一點。」說著，居然就跑到書堆前，東推一下，西推一下。問題是，已經堆完了，再推也沒用。

這件事，讓我得到個教訓——

在國內，因為沒有給小費的習慣，所以給小費或任何好處，最好先講明。有處罰和原則，也應該事先說好。前者是「好話說在先」，後者是「醜話說在先」。

*

人性是很妙的，基本上，對於負面的事我們會假設：「即使我做得不夠好，對方也可能看不見；就算看見了，也可能放一馬。」

對於正面的事，我們也會假設：「即使我做得好，對方也可能看不見；就算看見了，也八成不會給額外的獎賞，而認為這是當然。」

在這個基礎上，一般人做事，是不會太好，也不會太壞的。如果你希望非常好，或不至於「有一點點壞」，最好的方法，就是事先「擺明了」。

舉兩個最普通的例子來說：

如果你帶了不少怕摔、又笨重的行李到旅館。明明小費是要最後給的，但是你可以在到旅館，才下車的時候，就對運行李的人說：

「麻煩你小心一點運，等下我會好好謝你。」

我曾經參加個旅行團，團裡有對老夫婦，每次住旅館，都被分配到「窗外景觀最好」的房間。當十幾天的旅行結束時，我開玩笑地問：「你們一定是事先就告訴領隊，會給他很多小費吧？！所以運氣總能那麼好。」

豈知老先生一笑：

「我們沒說，否則是『期約行賄』。但是，我們讓他感覺到了！」

「感覺到？」

「對！」老先生神祕地說：

「教你一招，你可以在旅行才開始，就當著領隊和導遊的面，給餐館服務生或司機小費。那些人明明是不必給小費的，你卻給，而且給得大方，看在『別人』心裡，就受用了！」

可不是嗎？當一個人預期，甚至確定你會給予額外的獎勵時，當然會努力地表現。這對老夫婦的暗示法，誠然是極高的藝術。

＊

說到這兒，我也要舉個相反的例子，就是當對方根本不預期你的獎賞，甚至報酬時，所產生的問題——

我們往往發現，請親戚幫忙做的事，不但不見得最好，還可能最差。同樣的，我們幫親戚做事，也常並不把事情擺在最優先。

原因很簡單：

第一、是親戚，就算做壞了，也還是親戚。

第二、是親戚，不好拿報酬，就算給，也不好意思收。

問題是，人性基本上是相互的，當你有了以上的兩點假設，怎麼可能產生最好的效果？能及時交件，表現平平，已經不錯了。

於是，我們經常會看見這樣的事：

某人請親戚做事，拖拖拉拉、馬馬虎虎完成之後。某人很客氣地照樣付錢，親戚先推，某人硬給，說：「哪兒能白做？一定要收。」

最後，親戚收下了，某人卻在背後大罵：

「什麼親戚嘛！又貴又差。」

他豈知，說不定那親戚也正後悔呢：

「早知道會硬給我錢，而且一文不少，當初應該好好幫他做！」

這種情況，中國人的社會最常發生。我們要好好檢討：原則、酬勞、賞罰，是不是應該跟人情分開來？「情歸情、理歸理」，好話醜話都說在前面。

這不再是個能猜來猜去的社會，而是個一分耕耘一分收穫的社會。該講明的事，如果都能早早講明，事情會完滿得多！

第十章　創造恐怖平衡

如果絕對的權力，會造成絕對的腐化；
那麼不斷的競爭，就能造成不斷的進步。

只管向我報告

「聽說你們經理要移民，你為什麼沒跟我說？」小王才進門，太太就追著問。

「幹嘛跟你說？又輪不到我。」小王沒好氣地把公事包摔在沙發上。

「經理離職，不由你這個副理升，由誰升？」

「你少囉嗦好不好？」小王更有氣了：「你難道不知道，我們有兩個副理呀？你又難道不知道，江副理是總經理的表弟！」

「他不是已經有一個表弟，在做業務部經理了嗎？」

「是啊！再把另一個升上來做生產部經理，不是正好？」小王轉過臉：「我問你，要是你做總經理，你升誰？」

「升你！」太太指著小王，理直氣壯地說：「當然升你！不信我們打賭！」

*

一大早，小王就被叫進了總經理辦公室。看到滿臉笑容，小王知道那是安撫他的前奏。

果然，總經理說了：

「王副理，你知道江副理是我的表弟，他也一直在爭取經理的職位，前兩天我姨媽還出了馬，他哥哥更是大力推薦。」

「我知道！我知道！他確實是最佳人選。」小王不斷點頭。

「好極了！你很謙虛。」總經理站起身，轉過桌角，拍拍小王：「我決定升你做生產部經理！」

小王楞住了，不敢相信自己的耳朵。

「我知道你特別努力，不升最努力的人，升誰？」總經理的聲音像從天上傳來：「你雖然沒什麼後臺，但是從今天開始，我就是你的後臺。你不必顧忌江經理是我表弟，業務部有什麼不對，只管向我報告，我支持你！」

＊

小王升上去，全公司的人都跌破了眼鏡。據說業務部經理氣得臉都綠了。原來跟小王平起平坐的江副理更不用提，聽說已經打算另謀高就。

倒是總經理在同仁的眼裡，好像頭上戴了一圈光環。他能夠用人唯才、大公無私，真是太偉大了！

只是，業務部和生產部之間的緊張狀態，也可以想見。生產部的東西稍慢，或出點問題，江經理就去上面告狀。業務部接單子，稍微不努力，小王也立刻上去參一本。據說小王自己，還親自抓回了兩件業務部沒做成的買賣呢！搞得江經理面子不知往哪兒擺。

這種對立，豈不是會影響公司的發展嗎？

不過，也妙！公司的業績不但沒下滑，反而一路上升，很多原來不打交道的貿易商都自己上門。年終獎金發下來，全公司的人都樂開了。

*

更樂的是小王的太太，因為她賭贏了。小王的年終獎金，全進了太太荷包。

想一想

看完這個故事，你是不是也一團疑惑。從中國人家族企業的角度看，當然應該升自己的親戚。為什麼這位總經理卻升了「外人」呢？

但是，從另一個角度想：

總經理是不是因為大公無私，而提升了領導者的形象？

小王能以一個外人，而獲得重用，是不是會加倍賣命？
業務部經理發現自己表哥毫不徇私，是不是特別警惕？
小王的生產部會不會因為江經理的挑剔，而更注意品管、產量與交貨時間？
江經理會不會因為小王盯得很緊，而愈加拚命拉生意？
相反地，如果這兩個部門全由自己人（江氏親兄弟）做，那個自己人，又不完全是總經理的自己人，這當中問題就產生了。
客戶對產品不滿意，反映給業務部，如果是小事，很可能被壓下來，不讓老闆知道。
生產部如果明明加班就可以做出來，卻不想加班。是不是可以跟業務部疏通：「不要接這個單子，就說我們訂單已經滿了。」
你會發現當雙方對立時能辦到的事，不對立的時候都辦不到了。這是因為，在一個公事公辦的組織當中，對立並不代表敵對，而代表各自「相對地直立著」。說得簡單一點，就是不偏私。
於是，那對立成為公事公辦，毫不通融。那對立，也是彼此監督、相互競爭。
監督之下，各種弊端都會浮現；競爭之下，必然產生更大的進步。

＊

這個故事，是告訴經營者和領導者，不要認為都用自己人是最好的。自己的人可以用，但他們必須是對你效忠的自己人。而不能讓下面人之間徇私，超過對你效忠的程度。如同故事中，江經理和王經理（小王），都是總經理的自己人。一個是親表弟，一個是親自提拔出來的好部屬。江與王都對總經理效忠，卻彼此是客觀地各盡本職。

相反地，如果王與江的私情有可能超過「公事公辦」的程度，則不是好現象。

不論在政治、軍事、商業界，聰明的領導者，都知道怎樣安排部屬之間的「權力均衡」，使領導者能不被蒙蔽，也減少部屬聯合叛變的可能。（包括商業界下屬一起離開公司，另起爐灶）

*

再從部屬的角度看。如果你是個沒有背景的人，絕對不要因此認為爭不過那些「有關係」的。要知道，「沒背景」正可能是你的優點，你可能因此而「找到背景」。

此外，如果你喜歡拉小圈圈，也必須小心。在主管的眼中，小圈圈不但最容易惹閒話、造是非，而且最易作弊。你尤其不可跟業務上應該「客觀對立」的人拉小圈圈。譬如你是會計、他是出納，你們走得比誰都近，似乎形影不離。據你想，這兩個部門本來就該合作無間。但是你也要知道，商業界的一句老話：「會計兼出納，弊端叢生。」所以，私交是私交，公事仍然要公辦，如果有公私不分的現象，絕對是大忌。

＊

當然，如果領導者取「直接領導」的方式，也可能造成兩個缺點。

第一、是「馬屁精」型的部屬，鉅細靡遺地向你報告，造成累死領導者、不能分層負責的情況。

第二、是你經常會聽到閒話，不是這邊告一狀，就是那邊參一本。

面對這兩個缺點，你必須一方面做到充分授權，要求部屬分層負責，一方面對於各種「小道消息」，要有過濾的能力。你尤其要多聽少講，免得部屬拿你無心的一句話，「雞毛當令箭」地下去傳遞，造成許多不必要的困擾。

記住！一個開車時閃躲每個路上小坑洞的人，常有較高的出事率。中國更有句俗話：「不癡不聾，不作阿家翁」。一個對於部屬告的每個狀，都作立即反應的人，絕對不是最佳的領導者。

領導者怎樣使屬下各盡本職，客觀地對立，而不是主觀地敵對，以避免徇私、腐化，是一門很大的學問。

請繼續看下一個故事。

蒼蠅難飛

談今天這筆生意，陳董事長決定親自出馬。不但因為這是筆大買賣，而且由於要製造的不是普通東西。

其實陳董事長這家貿易公司，既不負責製造，也完全不管設計。他只是跟國外的大廠商簽約，拿別人的樣品回來，找國內的製造商照樣生產而已，連使用的材料都由國外廠商提供。

道理很簡單，就譬如這次接的衣服，絲是中國生產的，紡織和印染卻是義大利的，而今則運回本地縫製。那些外國精明的生意人，既要維持最好的品質，又要降低成本，常把一樣東西分在世界好幾個地方製造。

當然，還有一個原因，是為了杜絕仿冒。如果從原料到成品全在一地製造，很容易就被不肖的商人摸清楚，偷偷多織幾百匹布料，從後門運出去，照樣縫製，有誰能分辨呢？

因此，這次國外那家名服裝公司，除了衣料管得緊，而且千叮萬囑，絕對不准半件成品溜出去。也可以說，就算在此地製造，這兒的人要穿，也非跑到外國原公司購買不可。

這正是陳董事長今天親自出馬的原因。

＊

「您放心，我們工廠連一隻蒼蠅都飛不出去，不但保證品質，而且保密到底，就算掉在地上的布屑，都全部銷燬。」來談生意的本地製造商擠了擠眼睛：「您要知道，現在外面搞仿冒的人太多了，他們即使撿到一小塊布料，都可以照樣做出來。結果你的還沒上市，他仿造的東西已經滿天飛了。」

「只是手工也非常重要，不知道您工廠的工人怎麼樣？」陳董事長還是不太放心。

「笑話！水準一級棒。」製造商大笑了兩聲，從口袋裡掏出一疊名片：「您看看，都是世界名牌，統統由我製造，怎麼樣？」突然拉拉自己衣服：「哦！對了，您看看我身上這件夾克，做工怎麼樣？」

陳董事長走前兩步，細細看了看剪裁和車工：「確實不差，佩服佩服！我還真想買這麼一件呢！」

「哎呀！你喜歡就拿去。」製造商可真爽快，居然脫下來，一把塞進陳董事長的懷裡。

陳董事長愣了一下。

「不要客氣啦！」製造商笑道：「您再要，我那邊還有，幫一家英國公司做的，大家都說好看，我小舅子也拿了兩件呢！」

想一想

拍電影的人，最怕片子沒上演，盜版已經滿天飛。

做服裝設計的人，最怕自己的新款式還沒推出，已經有仿製品滿街跑。

前面兩個「最怕」，畢竟都不是真貨，而是拷貝或仿製品。更可怕的是在你貨物推出的同時，竟有百分之百的真貨，由後門溜進了市面。

誰最可能做出跟你一模一樣的東西？

當然是為你製造那些東西的人。

當你訂十萬件的時候，他如果做了十一萬件，並且從後門把那多出的一萬件流入市面，你怎麼可能分辨？除非你每件衣服上都蓋個章，否則你拿在手上，都分不出那衣服是真是假。

因為它是「真的假」，百分之百真，卻又不合法的製品。

問題是，我們應該怎麼防止呢？

故事裡已經說了——控制原料是一種方法。

你知道為什麼大部分偽鈔很容易被發現嗎？因為印鈔票的紙張是一般人買不到的。同樣，如果你的衣料是特別訂製，獨一無二的，你又能很精準地算出，每件衣服所需要的布料和「耗損率」，然後嚴格要求對方交貨的數量不可比你估算的短少，就能把弊端減到最小。

相反地，如果你偷懶，只是把設計圖交給一個製造商，由他幫你去買料子、裁切、縫製，甚至找一家他熟識的經銷商拿出去賣。你的麻煩可就大了。

請繼續看下面值得你推理的故事。

落入誰口袋

馬社長最近真是得意極了。尤其是跟同行的朋友一起逛書店，總看見自己出版的新書，放在最顯眼的地方，連書店的店員都主動對馬老闆說：「您這本新書真暢銷呢！」

「馬老最近發了！」同業的朋友直對馬老闆拱手。

「不敢當！不敢當！」馬老闆客氣：「沒賺幾個錢！」

馬老闆確實沒賺多少。他常納悶：「奇怪了！為什麼大家都說這本書暢銷，我印的數量卻不見得比不暢銷的書多多少，也沒多賺錢呢？」

這一天馬老闆正好有應酬，路過自己的倉庫。平常難得去一趟，也就順道進去看看。

倉庫裡真是堆積如山，連馬老闆都嚇一跳。

「真沒想到！真沒想到！壓了這麼多貨。」馬老闆走到暢銷的那本新書前面，只見由地面堆到了天花板，馬老闆數了數，搖搖頭：「奇怪啊！我庫存帳上是四千本，怎麼居然有六千本？難道帳記錯了，還是印刷廠印錯了，印多了？」

想一想

這個短短的故事，你看懂了嗎？

慢慢想想，玄機在哪裡？為什麼馬老闆倉庫裡的量，比馬老闆訂做的多了？

馬老闆只訂了四千本書，也只付了四千本的紙款、印刷費和裝訂費。哪兒有那麼好的事，居然多出了兩千本？

那兩千本馬老闆沒出過錢，又是誰出錢印的呢？

只是，再想想，過一陣子，當倉庫裡這六千本書都賣出去之後，馬老闆的帳上，是收入四千本，還是六千本的書款呢？

如果只出現四千本的收入。另外那兩千本的收入到哪兒去了？

你大概漸漸摸清楚了吧！

我們幾乎可以確定，這位馬老闆不太能管事。居然從紙行、印刷廠、裝訂廠，到總經銷，都沒能跟馬老闆有好的溝通。

再不然，馬老闆就是把東西交給一家印刷廠，說：「你們幫我叫紙、製版、印刷、裝訂，到時候帳單一起開來，免得我一家家找了！」

天哪！這世界上有多少生意人不是這樣圖省事呢？難道大家不知道這是最危險也最不划

算的？

他憑什麼幫你找別的相關廠商，他能不拿點回扣、介紹費嗎？這是應該的啊！所以，你必然得多付錢。

更可怕的，是當你的貨物暢銷時，你訂四千，他做六千，兩千本從後門出去了，你能知道嗎？

還有更毒的，也是馬老闆碰上的，居然公司人員跟經銷商串通，多印的兩千本也進了馬老闆倉庫。當經銷商去取貨的時候，假如每次取四百本，出貨帳上也是四百本，實際卻拿走六百本。取十次貨之後，帳上四千本賣完，實際賣了六千本。馬老闆能知道嗎？馬老闆是不但被人盜印，而且提供倉庫，讓對方堆贓物啊！

由這個例子，你要知道——

圖省事，而把東西完全包出去的做法，經常是最不智的。因為又貴、又危險。

但是，如果你說：「我是新手，不懂怎麼做，當然交給一家最方便。」

那麼，我建議你試著抽出中間一個步驟，由你另外找一家來做。譬如一本書，文字部分的製版、印刷、裝訂都交給同一家，只有封面換一家做。於是，你只要掌握封面的印刷量就成了。即使有人作弊多印兩千本，他卻只能拿到四千個封面，而做不成另外兩千本書。

當然，你也可以印複雜花紋的蝴蝶頁（書籍封面與內文之間黏的紙頁）或特製印花，貼在書中。

以此類推，訂製衣服時，你可以從海外特別做一批扣子。只要你掌握別人怎麼也做不出一樣的扣子，就能避免「百分之百真實的仿冒品」從你廠商手上流出去。

總之，最聰明的方法，是讓分工的各廠商，和你直接聯繫，而不讓他們在「橫向」有太密切的溝通。這是另一種「對立」政策的運用。

請繼續欣賞下一個小故事。

毛病大家說

接過書，小青真是興奮極了！這是她主編的第一本校刊，翻開來第一頁，就有她的文章。她翻過來、翻過去，看了又看，覺得好親切。每一篇東西，都是由同學投稿中選出來的。最前面是作文比賽得獎作品，然後有優美的散文，再下來是跳躍的新詩，最後則是厚重的小說和論文。

「這是照指導老師講的，讓一本雜誌，不必細看，只要翻過去，就能感覺輕重和疏密的節奏。」小青心想。只是當她快速翻閱的時候，卻怎麼看，怎麼不對勁。

為什麼版面一下高、一下低，跳來跳去，不在同一個位置呢？

為什麼文字一下濃、一下淡，會變來變去呢？

小青找幾位編輯開會之後，決定請裝訂和印刷廠的老闆來談談。

*

「哎呀！這本書裝壞了嘛！摺紙就沒摺準，釘子又釘歪了！」印刷廠老闆拿起書就嘆氣，接著把毛病指給大家看：「太糟了！你們可以扣他錢！」

印刷廠老闆才走，裝訂廠老闆也氣喘吁吁地趕來。小青馬上把毛病指給他看。

老闆直抓頭，把校刊翻了又翻，還拿起幾頁，對著燈光看，突然大聲叫道：「你們看！你們看！我雖然裝得有毛病，實在也因為印得不好，不信你們透光看看。」舉起一頁：「前一頁和後一頁的數字頁碼，都不在同一個位置。」

裝訂廠老闆一邊鞠躬，一邊神祕兮兮地笑道：「我們下次要改進。但是我也要偷偷跟你們說，我看這本書不是那家廠印的。油墨一下深、一下淡，八成因為太忙，外包給別家小廠印的，你們可以扣他錢。」又把手指放在唇邊：「千萬別說我講的！」

小青立刻又打電話給印刷廠。

老闆在那頭怔了半天，沒話說。最後終於開口了：

「老實告訴你，最近我們實在太忙，你們又要趕在青年節，實在印不出來。可是外包的那家廠也不錯啊！版位雖然沒印準，但油墨不勻全是因為紙不好。你們訂的是什麼紙啊？又粗又掉紙毛！」

「是最好的道林紙！」小青說。

印刷廠老闆笑了起來，炸得小青耳朵直疼：

「不要笑死人好不好？連模造紙都不夠格！」

*

學期結束，校刊社開了個檢討會，把這次學到的經驗一一寫下來，以便交給下一年編校刊的同學。大家相信，明年的校刊不但會比今年印得更好、更厚，而且可以印得更講究。

為什麼？

因為今年足足扣了廠商三分之一的紙張、印刷和裝訂費，省下不少錢，可以明年用。

想一想

這個故事談的是另一種對立。

在小青分別約談印刷廠、裝訂廠和紙廠老闆之後，由於他們彼此的推卸責任和批評，不但發現了事實的真相，學到不少專業知識，而且省下許多錢。

相反地，如果小青不是分別交給三家廠，而是由「一家包到底」，她就很難聽到真話了。

想想，如果是你一人承攬這筆生意，無論紙張、印刷或裝訂出問題，都是扣你的錢，你會不掩飾嗎？

此外，如果三個老闆同時出現，效果也可能大打折扣。大家都是同業，誰好當面說對方的不是呢？要說，也是偷偷說啊！

無可否認，這運用了人性，但是如果這樣得到的是真相，這樣能不被欺騙，又有什麼錯？我們只是將對方各個擊破罷了！

在我們的生活中，應該處處利用這種智慧，讓外行的自己退到另一個角度，冷眼旁觀地聽那些對立的人說話。然後加以組合、分析，成為我們的結論。

記住！不要意氣用事、衝動地去爭吵，要冷眼看人生，在那許多人際利害的矛盾中，累積自己的知識。

第十一章　電話大謀略

會打電話，天涯變咫尺，
不會打電話，咫尺變天涯。

董事長算什麼？

已經十點了，小邱還沒到，一大堆事情等著他辦，就算是董事長的乾兒子，也不能這麼不像話啊！

「打個電話到小邱家裡，告訴他一堆事情在等他。」朱經理對王主任說：「搞不好，還沒起床呢！」

電話通了，是小邱太太接的。

「他太太聲音怪怪的，好像還沒睡醒。」王主任摀著電話筒說：「說小邱一大早就出門了。」

「我來講！」朱經理一個箭步搶過話筒：「對不起！邱太太，我們可有急事，小邱到底上哪兒去了？麻煩你找找，叫他快點來上班。」掛上電話，抬頭看見小邱桌上堆得高高的文件，朱經理面色鐵青：「說什麼早出門了，只怕啊！還在她身邊打呼呢！」

沒過多久，小邱就來了，只是人沒來，來的是電話：

「真對不起！經理！因為我乾爹早上臨時有點事，叫我過去幫忙，他說會先打電話給您，可是他忙忘了！我的事能不能請孫小姐先弄一下，我下班之前一定趕回去。」

「好吧！下次早點說。」朱經理強忍著一肚子氣，把電話狠狠地掛上。低著頭，他知道四周的眼光都在向他看，有像小邱這樣的特權階級，要他怎麼帶人？

「小邱什麼時候能到？」王主任過來小聲問。

這一問，朱經理的火更大了：

「不知道，乾脆不用來算了！」說著，電話響，拿起話筒，繼續罵：「他媽的，有個乾爹董事長算什麼？董事長，吃閒飯養老的，就以為了不得了。」把話筒放到耳朵邊：「喂！」朱經理的臉色突然變得慘白，顫抖著聲音：

「董事長！您好！」

想一想

這是個千真萬確的故事，後來的結局是，朱經理調差，坐了冷板凳，一直到退休。

平心而論，朱經理生氣不是沒道理。小邱要董事長打這個電話，有「越級」以董事長壓制自己主管的現象。畢竟自己有自己的職責，自己的單位有內部的分工，就算以董事長之尊，也必須尊重下級單位的主管。除非這是公司的公事；即使是公事，董事長也應該先徵詢朱經理的同意。這些都是工作中，應該講的「倫理」。只是，在我們的社會，像小邱這樣的事卻屢見不鮮。

朱經理沒錯，錯在他「使用電話」的技巧。

電話雖然是現在人人都用的工具，卻有許多人不但不懂電話禮貌，更缺乏使用的技巧。譬如說，電話有電話倫理。當你打電話給同輩的朋友，知道對方一定是由祕書先接電話的時候，你可以叫自己的祕書撥過去。等對方的祕書一去轉接老闆，就把電話轉到自己的手上。

相對地，如果你知道對方沒有祕書，而是親自接聽，在電話禮貌上，則應該自己撥電話。你想想，如果有一天，你接到電話，是個陌生的聲音，說「對不起，麻煩您等一下，我老闆要跟您說話。」就算對方說話很有禮貌，你心裡能不多少有點反感，覺得對方是在耍大牌嗎？

或許有人說，我從來不在乎。可以！你可以不在乎，但永遠要記住，你不在乎，並不表示別人不在乎。許多人處世，遇到莫名其妙的挫折，都是因為沒注意到這種小地方。舉個例子：

有個人跟朋友約好中午十二點碰面，臨出門碰到一點事耽擱了，衝出門之前交代祕書：「打個電話過去，說我已經出門了，交通擠，怕會遲一點，請對方包涵。」

這祕書立刻撥了電話過去，由對方祕書接聽，原本可以轉告，為了表示慎重，堅持要找對方老闆。那老闆正急著看錶呢。

「對不起！李老闆，我們老闆已經出門了，他說路上擠，怕會遲一點，請您包涵，他很忙的！」

才放下電話，對方的老闆就冒了火：

「他忙，難道我不忙？」

原本能談成的生意，居然沒做成。

讓我們想想，那祕書到底說錯了什麼話？她錯在加了最後一句「他很忙的！」

說錯一句，可能造成極大的影響。

*

現在，讓我們回頭，看看朱經理。他的電話技巧錯在哪裡？錯在他不應該已經拿起電話了，還在繼續罵小邱。

許多人都容易犯這種錯——

一、電話筒拿起來了，沒弄清對方是誰，卻在繼續說話。

二、電話講完了，說了再見，還沒把電話掛好，就開始批評剛才打電話的人。

這樣讓人聽到的「壞話」，是加倍引人惡感的。因為那不是當面的話，而是「背地的批評」。

從另一個角度看，如果你打電話給朋友，對方拿起電話，還沒開始對話，你已經聽到他在罵你的時候，你該怎麼做？

裝作沒聽到？（對方一定猜想你已經聽到，而心裡七上八下）還是當場冒火？說：「好啊！你讓我抓個正著。」造成最尷尬的場面？

抑或，你可以立刻把電話掛上，反正對方不知是你打的，於是你對對方有了戒心，對方卻不知道，你在無意間聽到了他對你的批評。

不要把臉扯破，不要把事當面拆穿，是處世的一門大學問。想想，如果前面故事中的董事長，能先把電話掛上，等一會兒，裝作沒事地掛過去為小邱請假，再隔一陣，把朱經理調職。就算朱經理猜，也不可能確定自己的調差，是因為小邱和董事長，更不會直接仇視這兩個人。

最起碼，當天辦公室裡的場面，不致那麼難堪！

*

談到打電話，還有一種電話技巧——

我們有急事找對方，打了十幾通電話都找不到，終於找到的時候，我們多半會說：「真不容易，我打電話找你打了十多通，總算找到了！」

這雖然是人之常情，但是也要知道，就技巧而言，這樣說，是會使自己處於弱勢的。

譬如你跟某人做生意。他要你考慮行不行，你在考慮之後要告訴對方「行」的時候，即使打電話打了一百次，當電話終於接通的時候，你也最好不要提「我找你找得好苦，打了一百次電話。」甚至當對方問你：「我出國了一個禮拜，祕書又休假，你大概找我找了好幾天吧？」的時候。你也最好說：「沒有啊！不是一打就通了嗎？」

否則，你就顯示了「急於做這筆生意」的樣子，在商場的談判上，你立刻在氣勢上就弱了。

（親友之間表示思念，或你為對方好的情況下，屬於例外。）

＊

當然，打電話找人，如果對方不在，常會有別人接聽，這就涉及了另一種電話技巧。

你會發現，有些人在你留話之後，很快就回電，有些人則相反。除去他故意不回電話的可能，多半都是因為傳話的人「忘記轉告」。

把這種可能降到最低的技巧是——

當你打電話，對方不在，而別人接聽時，你一定要弄清他是誰，最起碼知道姓什麼。「謝謝！王小姐！麻煩您了。」跟只說「謝謝！」之間，會產生很大的差異。因為當她發現你知道她是誰的時候，也會意識到「如果我不轉告，我辦公室的同事會怪我。」有了這種「認知」，當然比較負責。

此外，除非你確定對方能「背」你的電話號碼，一定要把自己的電話告訴「傳話人」。想想，當一個人慌慌忙忙衝進辦公室，同事說有好幾個人等他回電的時候，他是先回知道號碼的，還是先花時間翻電話簿？如果你留了號碼，不但容易得到優先回話，而且為對方節省了時間，何樂而不為呢？

＊

最後，我要談一個極常見的情況：

當別人打電話給你，你旁邊正好有他認識的人。你是不是常會問對方：「某人也在旁邊，你要不要跟他說話？」

你或許認為這是一種體貼，但是，這可能對，也可能錯。

當你這麼問時，對方即使不想說，能不叫你把話筒轉過去嗎？如果他說「不必了」，又讓那在你身邊的人怎麼感覺？

那是多麼地尷尬啊！所以，當你假設對方「可能」願意，或「期盼」跟你旁邊的人說話時，你最好只說：

「某某人正好在我這兒。」

他如果希望找那人說話，自然會請你轉過去。他如果不想多說，則只要講「請代我向他致意」，禮貌也就到了。

相反地，如果你在打電話時，對方問你要不要跟身邊的某人說幾句時，即使你不想，也最好說幾句，否則多少會造成「對方的尷尬」。

說了這許多，請不要笑我「多心」。而要記住，每個人都可能是多心的人。你多用一點心，就會讓大家更開心！

第十二章　借刀計更高

當別人叫你往前站的時候，
先看看是不是正有子彈飛來！

我拔刀，你相助！

李所長突然心臟病發，死了。

每個人聽說，都為方副所長惋惜。大家都知道，方副所長是李所長一心提拔的人。正因此，他才會跑去念博士。

原來該多理想啊！兩年之後，方副所長拿到博士學位，正好李所長退休，順理成章地由方副所長接手。

實際方副所長，早就應該算是所長了。李所長自從三年前動心臟手術，所裡的事就全交給了方副所長。可惜院裡明文規定，一定要有博士學位，才能擔任所長。聽說院長已經開始找人了。

果然，沒多久，杜博士就來了。令人驚訝的是，杜博士居然是方副所長介紹的。

「方副所長真是太偉大了，不但不阻撓新所長到任，還主動向院長推薦，院長當然樂觀其成了。」所裡的同仁，都暗中敬佩這位心胸寬大的方副所長「大公無私」。

方副所長確實偉大，他像是襄助以前李所長一樣，幫助杜所長。兩個人是大學同班同學，有說有笑、合作無間。唉！也可以說杜所長根本不用操心，方副所長全代勞了。

＊

只是，奇怪了！兩年來的合作，最近有了變化。據說因為杜所長連著簽錯幾個重要文件。

「笑話！這麼重要的東西，怎麼能亂簽？」院長當著各所長的面，把文件摔給杜所長：「院裡要損失多少錢？我真懷疑，你有沒有看過？」

杜所長不敢吭氣，卻一散會就衝到方副所長辦公室：

「老兄！這是怎麼回事？你從來辦事都很牢，叫我簽，我也就簽了。可是，這明明不對，你不是害我嗎？」

「害你？」方副所長一笑：「這是你的公文，你不看，怎麼說我害你呢？」

＊

院長也把方副所長找去，很不高興地說：

「杜所長是你介紹的，最近怎麼回事？」

「真對不起！真對不起！我一直不敢說，他這半年來，大概外面有什事，老出問題。我這邊還壓了兩件他簽的東西，不敢送出去呢！」說著，把一疊卷宗遞給院長，院長翻了翻臉都綠了：「笑話！這根本是圖利他人嘛！幸虧你拿給我看，否則我也得背黑鍋。」

「是的！是的！」方副所長直賠不是：「以後我會更小心幫杜所長……」

「不用幫了！」院長叫方副所長坐下。沉吟了幾分鐘，抬頭說：「我問你，你的博士學位拿到沒有？」

「前兩個月就拿到了！」

「好！叫他下臺，你接！」

＊

方副所長成了方所長。大家都說杜所長實在太糟了，當年，方副所長大公無私地把他介紹來了，他卻不好好做，幸虧方副所長幫他擋，不然早下臺。

杜所長一肚子委屈地離開。當初他在別的單位做得好好地，老同學一通電話，非要請他來幫忙。來了之後，倒也合作愉快。老同學嘛！方副所長要抓權，杜所長也不好意思叫他交出來。雖然被架空，倒也落得輕鬆。哪兒知道突然出了事，灰頭土臉地走了，想辯解，都不知怎麼說。

杜所長走的那天，方副所長居然還擺了兩桌，對杜所長推崇了一番：

「大家要知道，李所長過世，要不是杜博士拔刀相助，我們所裡真是群龍無首，若是來個外人，還不一定能配合。所以，我們必須對杜博士表示最高的敬意與謝意。」

臨走，方所長送杜博士到門口，還拉著老同學的手，感慨萬千地說：

「謝謝你啊！要不是有你及時接下所長，只怕今天也輪不到我，謝謝！謝謝！」

想一想

看完這個故事，請問誰是贏家？

當然是方副所長。他要不及時把杜博士介紹來，所長早被別人接了。

一個不熟的人接所長，當然不可能繼續讓方副所長掌權。於是所裡一定出現權力鬥爭，鬥爭的結果，只怕走的是方副所長。

而在方副所長拿到博士學位之後，杜所長「正好」出狀況，水到渠成地由方副所長接任。

多麼巧的遭遇！也是「多麼巧的設計」！

設計的妙處，是「卡位」。如同你在排隊買票的時候，臨時有急事，不得不離開，正巧有個熟人經過，於是請對方幫忙「站一下」。等你辦完事，回來，再請那位朋友讓開。

這也像是打棒球，當投手暴投，捕手離開本壘板去撿球的時候，投手先站上本壘板，準備接捕手傳回的球，以防對方從三壘跑回本壘得分。

卡位的技巧很多，最基本的原則，是讓自己的人先占著。

請看下一個故事。

大家一起來

「不好了！不好了！」業務部經理跑進王廠長辦公室：「聽說有一家要跟我們打對臺。我們的『癡癡』是非降價不可了！」

「為什麼？」

「聽說他們做的東西，分量更多，價錢還比我們的『癡癡』便宜，又說是新口味。」

「新口味又怎麼樣？」王廠長說：「我們不能降價！否則人家會說以前是暴利，損傷了我們的信譽。而且，新口味他們會做，我們就不會做嗎？把廣告代理找來！」

「我們除了以前的產品不變，現在要再出兩種新口味，你給我去設計廣告，說是革命性的產品，包裝新、分量多、口味獨特、價錢便宜。」廠長對廣告代理說：「而且下個月就要上市。」

「下個月？」在旁邊的業務經理嚇一跳：「我們趕得及嗎？」

「當然趕得及。」王廠長笑道：「我就不信那家新廠，能爭得過！」

＊

突然，市面上出現了三種新零食。每天攤開報紙，打開電視，看到的全是：

「不可說！不可說！吃不可說時，不可說話。吃了不可說，不可說不可說的好吃！」

「吵大仙！吵大仙！一口咬下去，吵死大神仙。神仙吃一口，不要做神仙！」

「咪咪喵喵，瞇著眼睛說妙。咪咪喵喵，連貓咪都說迷迷妙妙！」

小孩子們看得眼花撩亂，吵著要吃新口味。

原來壟斷市場的「癡癡」，銷量一下子跌了三分之二。那三分之二全被三種新產品包了。

市場調查報告出來：

新興工廠的「吵大仙」，搶了原來全部市場的百分之二十二。

原製造「癡癡」工廠的「不可說」占百分之二十四，「咪咪喵喵」占百分之二十一。

但是「吵大仙」沒多久就不見了。

「我就知道他撐不了多久！」王廠長在慶功宴上呵呵大笑：「我用現成的設備、現成的廠房、現成的員工、現成的管道，只是加點新作料，放進新包裝，換個新名字，就把他打垮了！聽說小孩都吃上癮了，對不對？」把業務經理叫來，王廠長小聲說：「下個月，可以研究，小小漲一點價。」接著對大家舉杯：

「來！來！來！大家一起來！誰不會做新產品？大家一起來！」

想一想

以上這個故事，也是「卡位」，就是當你的對手，找到一個新的據點，準備吸引市場注意，對你攻擊的時候，你可以安排自己人，也占住新據點。表面看，那是你的對手，實際上，卻均分了市場的注意力，削弱了你對手原先的「新品牌」優勢。

這種卡位技巧，可用的地方非常多。在競選時，當你發現對手極強的情況下，也可以用「卡位」，暗中安排一個可能吸收對方票源的對手出來，使對方發現自己的牆腳被挖、選民流失，而自動退出。或在對方仍堅持到底的情況下，教自己安排的這個人，在選前突然宣布退出，並在退出時強力推薦自己，使原來「中間的選票」，可以大部分流向自己。

前面兩個故事的「卡位」，都是「前進式的卡位」。現在我們也來看看「後退式的卡位」，怎樣把自己原有的位子，讓給別人，再以退為進，浴火重生。

薑是老的辣

接到古先生的電話，小宋心跳到了一百二十下。

「這麼大牌的製作主持人，居然會找到我。」小宋放下電話，興奮地對老婆說：「還約我明天碰面，說要談節目的事。」

小宋一夜沒睡好，小宋的老婆也沒睡好，一大早就起來為小宋熨襯衫，一邊熨，一邊問：「你猜，古先生是找你做什麼節目呢？」

「不知道！可以確定的是不會找我主持他的《四海心聲》。」

《四海心聲》是古先生的成名節目，自己的製作班底，加上自己主持。起初大家看他一定弄不成，沒想到一炮而紅。愈紅愈有大人物願意上，收視率也愈高，使古先生不僅在電視界，連在政治界、學術界，都成了一號人物。加上靠著關係做生意，更是愈做愈大。

想想，有誰會把自己的「成名之作」，交給別人呢？尤其是交給小宋。

當然了！小宋也是新秀，留美的碩士，又儀表堂堂、辯才無礙。大家都說他是「學者從秀」，前途無量的明日之星。

「如果古先生能提我一把，就棒了！」小宋出門時，在胸前畫了個十字，又要老婆親了一下：

「希望你的吻，能帶給我好運。」

＊

小宋果然交了好運，一個想都不敢想的好運——

古先生居然真的要把《四海心聲》的主持棒，交給小宋。

「我的事情多，常在世界各地跑，偏偏節目每個禮拜都得錄影。」古先生兩隻熱手握著小宋冰涼的手，很誠懇地說：「想來想去，只有你這位青年才俊夠資格接，你考慮考慮。」

「哪裡還要考慮？」小宋高聲叫著，對電話那頭的老婆喊：「我當場就接了。」

小宋接手主持《四海心聲》，真像是一聲雷，震動了電視界，更震動了觀眾。大家議論紛紛：

「小宋這麼嫩，怎能接古先生的東西？」

「老古把自己打下來的江山，交給小宋，太冒險了！」

「不是小宋這樣的曠世才子，又有誰接得了？放眼今天，能主持、又有學術背景的，能有幾人？」

節目播出了，小宋果然主持得可圈可點。雖然有些看慣古先生的人，一時不能習慣，隔些時也就成了。

＊

問題是，隔了好些時，節目不但收視率沒提高，反而下降了。小宋四處請求，廣告商就是不跟。

「老弟！這可是我的『老招牌』，你要加油啊！」古先生常鼓勵小宋。只是，說歸說，連古先生的製作班底，也愈來愈沒勁。而且聽說都去搞另一個新節目了。

《四海心聲》在古先生打響招牌十年之後，終於因為收視率太差，廣告又太少，而宣告結束。

小宋傷心極了，覺得愧對古先生的重託。

「沒關係！沒關係！」古先生拍著小宋：「連你這樣的人才，都做不下去，也就沒話說了。不怪你！不怪你！」

＊

隔不久，又傳出了雷聲。

古先生再度出馬，開闢一個比《四海心聲》更精采的節目，而且親自主持。退出的廣告，一下子全回來了。

古先生的班底，居然在短短兩個星期當中，已經製作了好幾集，還存了許多精采的「點子」！

新節目又一炮而紅。

還是古先生的魅力驚人。只是年輕的才子小宋，砸了《四海心聲》那麼有名的節目，成為票房毒藥，短時間很難再爬起來了。

想一想

看完這個故事，你有什麼感想？

古先生是很不簡單，居然把他的成名節目，交給小宋。小宋也硬是在眾目睽睽之下，把節目做垮了。

只是很奇怪，古先生的老招牌砸了，似乎沒傷害到古先生，反證明古先生的魅力，使他更紅了。

再想想，那個做了十年的《四海心聲》，似乎也真是太老，該換換新東西了。

說到這兒，相信你已經找到了答案。

古先生的成名作、老招牌，怎麼能在他自己的手上砸掉，那是多明顯的失敗啊！可是節目又該更新了，怎麼辦？

於是「卡位」的計謀產生。把這個已經沒救的位子讓給小宋吧！他做成功了，那是我古先生的節目，在我鋪路下，做成功的。

他做失敗了，只怪他能力不足。這麼老的招牌，居然到他手上就垮了。可見還是我古先生行，還是換我來吧！

年輕人！記住！

這世界上處處有古先生，看來把最好的東西交給你，令你感激涕零。但是，你也要想想，憑什麼他要給你？你是真年輕幹練，足當重任嗎？抑或你只是個替死鬼？

不要忘了！尤其在你最得意的時候，切記：

天下沒有白吃的午餐！

【原版後記】

書呆子的反思

當我念大學的時候，常到附近的一個攤子買水果。去多了、相處熟了，也就跟老闆成為朋友。有一天，聽我喉嚨沙啞，他問我為什麼不喝點椰子汁？

我說好啊！可是沒買過，不知怎麼挑。他笑道：「我幫你挑，擺得愈久的椰子，愈甜，也愈好！」

從那以後，我常去買椰子，還帶朋友去，主動告訴朋友，擺得愈久的椰子愈好。

有一次，我跟女朋友一起去買了個椰子，特別請老闆幫忙挑。可是拿回家，才把椰子靠柄的地方削掉，就覺得軟軟的不對勁。等插進吸管嘗一口，差點嘔了出來。

那椰子殼裡的果肉，已經爛在椰子汁中，散發出一股酸臭的味道。

我突然發現自己上當了。長久以來，我把那人當朋友，他卻只想把快壞掉的東西賣給我這個笨蛋。

我後來常想，當我介紹同學去向他買「爛椰子」的時候，他的笑容後面，是怎麼想？他八成在笑我們都是一群書呆子。

＊

進入社會的第二年，我出版了《螢窗小語》，沒想到非常暢銷，又一連寫了六本。奇怪的是，幾年下來，物價不斷上漲，我印書的成本不但沒漲，還下降了。

有一天，我對裝訂廠老闆抱怨：「我發現你以前要的價錢不合理，害我多花了不少錢。」

他居然若無其事地一笑：

「那當然了！以前你是新手，現在是老手了嘛！從新手到老手，總是要繳學費的啊！」

＊

最近，有個學生對我說，她簡直要發瘋了。因為她打工的店裡，常有顧客請她推薦最好的產品。

「我起初實實在在，把我所知道的告訴顧客。可是有一天被老闆聽到了，居然把我叫進去罵一頓，說：『什麼叫最好的？你去倉庫看看！積壓最多的，就是最好的！』」說到這兒，學生哭了：「我覺得好有罪惡感，我怎麼能這樣騙人呢？」

＊

她離開之後，我想了許久，想到自己第一次發覺被出賣時的憤恨，也想到從小到大，上過的許多當。我相信，如果現在把我再放回年輕時代，我一定能看到許多「以前看不到的東西」，也一定能少吃些虧。

當然，回想以前初入社會時的處事方法，也發覺有許多不對的。那時候的我，不懂工作倫理，常常率性從事。每次想到這些，都令我慚愧。

「世事洞明皆學問，人情練達即文章。」古人這句話說得真好，問題是等到「世事洞明」、「人情練達」，我們的生命恐怕已剩下不到一半了。為什麼在學校裡有那麼多老師教我們做學問，卻很少有人指導我們處世的學問？就算有些治世格言，也常是「忍一時風平浪靜，退一步海闊天空」、「曖曖內含光」、「守愚聖所臧」或「雄辯是銀，沉默是金」之類。

那真是最對的嗎？就算對，對的道理在哪裡？

為什麼沒人教我們「工作倫理」、「人際關係」、「說話技巧」和「行為語言」？為什麼讓我們這些讀破萬卷書的，進入社會之後，處處碰釘子？而且真正做到「被人賣了，還幫他數鈔票」？

*

近幾年，常有朋友找我聊天，徵詢我的意見。令我不解的是，當他們把身處的情況說出來時，已經一清二楚，可以見到橫在眼前的陷阱，而他們竟然毫無感覺，直到我「點破」，才大吃一驚。

是因為我聰明嗎？不！是因為我上過許多當，久病成良醫，終於對人生與人世，有些了解。

人生真像一局棋，一局只能下一盤的棋。可惜多數人，可能一直下到結束，還摸不清自己在下什麼棋，這局棋又該怎麼下。

為此，我寫了這本《我不是教你詐》。它只是我系列「處世學」作品的一部分，因為那學問太大了，故事也太多了。為了不過度刺激學生讀者，這本書中的題材，還是經過了調配，有尖銳也有柔和。我盡量為每個人生處境，提出解決方法。希望讀者們看完書，就能用。

在《冷眼看人生》的一開頭，我曾印著「這是一本專為成年讀者寫的書。未滿十八歲的讀者，請在成年人的輔導下閱讀。」但是經過再三斟酌，我認為這本書不必這麼印。雖然它是為社會人寫的，我卻建議高中學生也不妨一讀。因為它在學問之外，或許能提供些處世的智慧，使你更圓融、更成熟、更堅強，並在見到人生的各種怪現象時，更能冷靜地面對。我要再一次強調：

我不是教你詐，是教你看清世事；是教你更技巧地堅守原則；是教你保護自己，且在風雨狂瀾中，作個中流砥柱。

對於這本書的推出，我既興奮且惶恐，這是大膽的試探。敬待讀者的指正！

第二部・工商社會處事篇

【原版前言】

請嘗麻辣小火鍋

一九九五年元月，當我出版《我不是教你詐》第一集的時候，在序言一開始就說「雖然知道這本書可能引起爭議，還是將它出版。」

意外的是，而今過了十九個月，居然沒有聽到負面的批評。過去出版《冷眼看人生》和《人生的真相》時，還常有學生表示難以接受，而今則連國中的小女生和六、七十歲的老先生，都來信叫好。

我絕不敢自美，只是常想，是什麼原因，使那本書大受歡迎？是因為我抓住了社會的脈動，還是恰巧提供了人們最需要的東西？

我想或許兩者都對。因為沒有開放的社會，我不可能有這樣的膽量去寫；沒有原先的匱乏，也不可能造成那樣的需求。

問題是，我們過去真缺乏處世的教育嗎？翻開書，孔子、孟子，哪位聖賢不是教我們處世之道？打開電視，哪齣戲的背後又沒有微言大義？

＊

記得我小時候，每次看電影，總要急著問大人：「誰是好人？誰是壞人？」且在心裡盼望好人成功、壞人被殺。

然後，我進入學校，學到秦始皇是暴君、曹操是奸臣、王莽是叛徒、唐太宗是明王、武則天是淫婦……古人似乎為我們打了一把尺，去量過去和現在的人。

只是，當我們有一天帶著這把尺，滿懷信心地跨入社會，才發現原來不是只有好與壞。甚至可以說大多數人，都是善中有惡，惡中有善的。

於是當我們拿著「不是好人就是壞人」、「不是朋友就是敵人」的那把尺，去量這個世界的時候，就充滿了挫折感。因為我們不是因為被好朋友欺騙，而覺得再沒一個可信的人，就是受敵人幫助，而弄得手足無措。

更糟的，是當我們心裡只有「黑」與「白」，面對的卻是個「灰色」的社會時，不是勉強把灰色的拉成白的，就是強把灰的推成黑的。

我們用這方法去分善惡、是非、敵我、黨派和族群，凡非我族類，都該殺！

我們有了可怕的偏見！

＊

我常在聽競選的政見發表時，心想：「他們有什麼大的差異呢？他們都存心害這個國家嗎？還是都為國家好？就算不為國好，也為家好啊！因為他們都是人，是人都愛他的子女、親人。」

而當我用「他是一個跟我們一樣有血有肉、有愛有恨的人」的觀點去看時，就可以變得不再偏激。即使發現對方偏激，也能諒解他的立場。

因為我找到了我們的「同」，我們都是「人」！

*

這本《我不是教你詐②》，寫的就是「人」。

既然是人，就有著許多糾葛不清的「善惡情懷」。

既然是人，就自私自利，總有把好東西往家裡拿，把好吃的往孩子嘴裡塞的本性。

所以，與其說我寫這本書來教大家看清人性的狡詐，不如說教大家認清「什麼是人」。

於是，當有一天吃虧的時候，就能心平氣和地想想，除了「他」不對，是不是也怪自己認人不清。甚至反省：「我過去有沒有做過同樣的壞事？」

更重要的，是我們應該想想，既然人性有它的缺失，是不是能找出一種方法，使這些亂跑的「人性的車子」，走上軌道。

本書真正談的就是這種方法。無論侍者與顧客、老闆與職員、法官與涉案人，乃至業主與承包商，表面看是當你不小心，就會吃虧的個案，背面談的，卻是這些人與人應有的相處之道。

*

在《我不是教你詐①》的後記裡，我說它是我一系列「處世學」中的一冊。這一系列經過計畫，大約第一集談的偏重處世的技巧和原則，第二集偏重商業社會的機巧和工作倫理，未來第三集，則會有較多政治和人性的題材。

整個說起來，由《人生的真相》、《冷眼看人生》到《我不是教你詐》，是由淺入深。也如我多年前預告的——「由小紅的開胃菜」到「大紅的麻辣鍋」。

這本書，比前一集稍深，也已經有些麻辣。為此，我特別先寫了一本極溫馨的《抓住心靈的震顫》，希望讀者兩本一起看時，能夠冷暖調和，更因此認知：真實的世界，不是只有狡詐，也非只見純真。每個剛強的背後，都應該有柔情；每個理智的背面，都應該是感性。

請務必在辛辣之餘，品嘗我特為您做的溫馨小菜；請在讀這本《我不是教你詐》的同時，別忘了我們身處在一個——「有情的世界」。

第十三章　一疏害百密

伴郎伴娘長得再漂亮，
也不能代替新人入洞房。

一猜就是你

「不錯吧！」小陳打開車窗，讓穿過相思林的清風吹進來。

車子爬得更高了，山下的景色從林梢浮現。晚霞逐漸變暗，點點的燈火開始閃爍。

「你怎麼知道這裡的？」小靜突然轉過臉。

小陳的心一震，幸虧有準備，從口袋裡掏出一張飯店的簡介遞過去。

這簡介還是一年前順手拿的。原本打算介紹給朋友，沒想到現在派上了用場。

那時小陳是這裡的常客，總在暮色中帶著「前女友」，衝上這山頭的旅館。

旅館頂樓是餐廳，有鋼琴和小提琴的演奏。更棒的是那落地大玻璃窗，正對著遠處臺北的十里紅塵和一彎如帶的淡水河。

為了談情，他們總選在距離鋼琴最遠的一個窗邊的座位。看天上與地下的星海一起閃爍。

只是相愛容易相處難，約會愈多，問題也愈多，原來都打算訂婚了，卻為一點小事鬧翻。

鬧翻也好，不跟那個吹，也沒機會追今天的小靜。

＊

旅館在眼前了，小陳故意東張西望，找到那個熟得不能再熟的停車場。停妥車，跳下來為小靜開門。

這種動作，他以前是不會做的。但是，今天不同了，面對小靜這樣的公主，他必須好好表現。他決定把她追到手，娶她進家門，也娶下他工作的這個公司。

他在前面跑，左看看、右看看地找出口。再把電梯門按著，讓小靜走進去。

「應該是頂樓。」他揿了最高的一個鈕。

「是透明電梯耶！」當電梯升出地面，小靜興奮地叫了出來：「你看！我們好像飛過樹林，我從來不知道，臺北的夜景這麼美。」

「是啊！是啊！」他也興奮地喊著，想到以前那位，起初也是這麼興奮。他暗暗告訴自己：「要好好把握這個成功的開始。」

＊

走出電梯。一年沒來，還是老樣子。柔柔的壁燈照著深紅的地毯，伸展到餐廳的入口。樂聲依舊，鋼琴和小提琴正奏出他最愛的那首曲子。

經理迎過來，也是熟人。他心想「糟了！」，趕快使個眼色。

眉頭一揚、一笑。經理客氣地招呼：

「小姐、先生請進！有沒有訂位？」

他搖搖頭。經理又一笑，帶他走到窗邊的「老位子」。

「好棒啊！這個位子。」他笑著說。看看小靜：「對不對？景色美，音樂又不會太大聲。」

「是啊！」小靜望著窗外。看得出，這可愛的女生已經陶醉。

「這是我們敬二位的。」經理居然親自端來兩杯香檳。

他笑著接過來，知道這是對「老顧客」的優待：「謝謝！謝謝！還麻煩您推薦個拿手菜。東西好，我們以後會常來。」

他心想，以後每個禮拜，又要來這兒報到了。說不定有一天，還會在這兒開訂婚派對呢！

湯端上來了。先給小靜，再放在他面前。

「這，這不是陳副理嗎？」突然端湯的小姐叫了起來。小陳抬頭，迎上個熟面孔。

「老位子、吃老東西，一猜就是你。」那小姐高興地喊，又一轉頭，驚訝地說：「咦！趙小姐呢？」

想一想

寫完這個故事，讓我想起多年前做記者時的一段趣事：

有一陣子臺灣的性病十分氾濫，某大醫院特別為此，舉行了一個記者會。

主持會議的是著名的泌尿科主任，他細細分析了當時性病氾濫的原因，也對社會發出防治的呼籲。

記者會後，一群跟他熟識的記者，一起湧進他的辦公室聊天。

「跟您認識真不錯，哪天，要是我們中了鏢，就可以偷偷找您解決了！」有記者開玩笑地說。

「那當然！那當然！」主任豪爽地答應。

「不過您可得為我們保密喲！」一位記者又說。

「哎呀！這個你放心！」主任手一揮：「連××署的×署長都找我看。」

記得當時大家都笑彎了腰，只是而今想起來，真為那位主任捏把冷汗。他豈知如果換在美國，他很可能因此被告，搞不好還被吊銷行醫的執照。

*

我在前面說這兩個故事的目的，是為討論「工作倫理」中的「職業道德」。

醫師有醫師的職業道德，他不能把病人的隱私洩漏出去；律師有律師的道德，即使他的委託人告訴他犯罪的事實，他也要保密。

同樣的，銀行職員不能隨便透漏顧客的財務狀況；餐旅業的員工不該「問」或「說」與他工作不相干的問題。計程車的司機，不能因為下一位乘客好奇地問：「剛才那位下車的小姐，是從什麼地方上車的？」就很豪爽地說：「哦！從××路的××賓館上車。」

或有人要講，這有什麼不可以？他們說的都是實情，講的都是真話。

但也要知道，那些真說出來，卻違反了職業道德。而這些職業道德，都是人類社會經過長久摸索，才找出的倫理、原則、行規，當你違反了它，常會造成進步的阻礙。

舉個例子：

美國聯邦政府曾經下令，不准學校把非法移民子女的資料提供給移民局。原因是，移民局雖然可以因此而輕鬆地抓到非法移民，並遞解出境，卻也因此造成非法移民不敢把孩子送進學校。

於是，孩子失去受教育的機會，造成對孩子的傷害，也造成社會問題。

*

同樣的道理，讓我們想想——

如果人們不信任醫生能為他守密，自然諱疾忌醫，病情加重，甚至因而造成傳染病氾濫。

如果人們不信任國稅局，怕稅務人員把自己高所得的資料公布，而被黑道勒索，就可能逃稅。

如果教友不信任神父能保守祕密，有誰敢去「告解」？

如果人們不信任銀行，不敢把錢存進去，銀行又怎麼經營？

如果人們不信任律師，連自己涉案的實情都不對律師說，這案子又怎麼處理？

難道回復以前「拉下去！打五十大板，看他招不招？」的時代嗎？

*

什麼叫民主？

民主的第一原則，是每個人要守分際，在有「說話的自由」時，也知道不可因自己的自由，影響到別人的自由和權益。

進一步，管束自己屬下遵守職業道德，也是做主管的職責。

護士不可洩漏病人的祕密，法律助理不可洩漏客戶的祕密，商業祕書不可透漏老闆往來的祕密，都是當然的事。

洩漏了怎麼辦？

主管負責！只怪你教導不周、用人不善，連這點基本的職業道德都不能教屬下遵守，又怎麼成大事？

所以，前面故事中的女侍固然多嘴，做為她的經理，也難辭其咎。

談到用人，讓我們看下一個故事。

老闆靠邊站

「糟了！糟了！」王經理放下電話，就叫了起來：「那家便宜的東西，根本不合規格，還是原來林老闆的好。」狠狠搥了一下桌子：「可是，我怎麼那麼糊塗，寫信把他臭罵一頓，還罵他是騙子，這下麻煩了！」

「是啊！」祕書張小姐轉身站起來：「我那時不是說嗎？要您先冷靜冷靜，再寫信，您不聽啊！」

「都怪我在氣頭上，想這小子過去一定騙了我，要不然別人怎麼那樣便宜。」王經理來回踱著步子，指了指電話：「把電話告訴我，我親自打過去道歉！」

祕書一笑，走到王經理桌前：「不用了！告訴您，那封信我根本沒寄。」

「沒寄？」

「對！」張小姐笑吟吟地說。

「嗯……」王經理坐了下來，如釋重負。停了半晌，又突然抬頭：「可我當時不是叫你立刻發出嗎？」

「是啊！但我猜到您會後悔，所以壓下了。」張小姐轉過身、歪著頭笑笑。

「壓了三個禮拜？」

「對！您沒想到吧？」

「我是沒想到。」王經理低下頭去，翻記事本：「可是，我叫你發，你怎能壓？那麼最近發南美的那幾封信，你也壓了？」

「我沒壓。」張小姐臉上更亮麗了：「我知道什麼該發什麼不該發……」

「你作主，還是我作主？」沒想到王經理居然霍地站起來，沉聲問。

張小姐呆住了，眼眶一下溼了，兩行淚水滾滾。顫抖著、哭著喊：「我，做錯了嗎？」

「你做錯了！」王經理斬釘截鐵地說。

＊

張小姐被記了一個小過，是偷偷記的，公司裡沒人知道。但是好心沒好報，一肚子委屈的張小姐，再也不願意伺候這位「是非不分」的主管。

她跑去孫經理的辦公室訴苦，希望調到孫經理的部門。

「不急！不急！」孫經理笑笑：「我會處理。」

隔兩天，果然做了處理，張小姐一大早就接到一份緊急通知。

打開通知，她臉色蒼白地坐下。

張小姐被解雇了。

想一想

看完這個故事，你有什麼感想？

這是個「不是人」的公司？王經理不是人、孫經理也不是人，明明張祕書救了公司，他們居然非但不感激，還恩將仇報，對不對？

如果說「對」，你就錯了！

正如王經理說的——「你作主，還是我作主？」

假使一個祕書，可以不聽命令，自由心證地把主管要她立刻發的信，壓下三個禮拜不發，「她」豈不成了主管？如果有這樣的「黑箱作業」，以後交她做事，誰能放心？

再進一步說，自己部門的事，跑去跟別的部門主管抱怨，這工作的忠誠又在哪裡？

如果孫經理收了她，能不跟王經理「對上」？而且哪位主管不會想：「今天她背著主管，來向我告狀，改天她會不會倒戈，又跟別人告我一狀？」

所以張小姐不但錯，而且錯大了。她非但錯在不懂人性，更錯在不懂工作倫理。

＊

有一位在日商公司工作的女孩對我說：

「那些日本主管最假了。白天上班的時候，道貌岸然，可是下班後去PUB，三杯下肚，就好像變了個人，完全沒了主管的樣子，跟我們下面這些人又唱又叫。」很鄙夷地一笑：「但是第二天，在電梯裡碰到了，跟他輕鬆打招呼，他又恢復了死相。」

這位年輕的小姐就是不懂「公是公、私是私」的道理。主管下班請客，一擲千金，不代表你吃中飯、買便當，就能跟他不分帳。老闆私下送你一個精美的記事本，不代表你可以把公司的鉛筆、橡皮擦帶回家。

＊

這又使我想起一件事：

有個雜誌社給我做專訪。出刊後，先送了一本給我，因為寫得相當好，圖片和編排也很講究，我心想可以送一本給朋友，再多帶一本回紐約。就打電話給雜誌社的主編，請她多給我兩本。

主編不在，是一位小姐接的。

「麻煩您轉告主編，我希望多要兩本這期的雜誌。」我對她說。

「這個啊，沒問題！您派個人過來拿就成了。」小姐爽快地說。

我立刻派人過去，把雜誌拿回來。

可是，跟著就接到主編的電話：

「對不起！劉先生，您來電話的時候我不在，雜誌收到了吧？我特別多送了兩本，一共四本。」停了一下，她又說：「可是，對不起啊！我想知道是我們公司的哪位小姐，說您可以立刻派人過來拿。」

我楞了一下，說：「有問題嗎？」

「當然沒問題，您要十本都沒問題，我只是對工作倫理的一種考核。」

我沒告訴她是誰，據說她還是查出來，做了處分。

事後，我常想，她何必這麼計較呢？她計較最少有三個原因。

一、既然我找她要書，過去也都是由她跟我接觸、採訪，屬下就該轉告，而不該代她作主。

二、明明可以由她一句話，賣給我的面子，被別人莫名其妙地賣了。

三、好像送雜誌不稀奇，小事一樁，人人能作主。結果，連公司產品的價值，都被貶低了。

*

不懂得工作倫理，在不該說話的時話說話、不該作主的時候作主，是社會新鮮人常犯的毛病。

你必須知道，無論你幫老闆管了多少事情，也無論老闆多糊塗，甚至多依賴你，到達沒你在，他連電話都不會撥的程度。

他畢竟還是你的老闆，也畢竟還是他作主。

出了錯，他最先承擔。有面子，也該由他來賣。

此外，你必須知道，老闆永遠是向著老闆，就算在工作上對立，在立場上也一致。如同記者平常搶新聞，誰也不讓誰。但是哪天有人打了記者，所有的記者卻都會團結起來，槍口朝外。

所以，一個不忠於自己主管的職員，很難得到別的主管欣賞。當你賣面子，表示自己有辦法，偷偷把自己公司的消息告訴別人。即使他得了好處，也不會尊重你，只可能竊笑說：「這人最沒城府，以後找他下手。」

他甚至會拿你的「傻」，來告誡自己的職員。

賣瓜瓜不甜

「我有把握，十個走進來，最少留下五個。」小梅的嘴角往上挑挑，又往下撇撇。

「好！你被錄用了，明天就開始上班。」

＊

小梅果然高明，這麼一家新開的補習班，連老師都還沒弄清楚，居然進來打聽的學生，聽小梅一番介紹，就著了魔似地，一一報名繳費。

小梅的魔力恐怕最少有三個原因：

第一、她年輕，才大學畢業，跟這些重考生像同學一樣，在思想上沒什麼隔閡。

第二、她爽快，帶一種特殊的酷，一副你們愛來不來，不來拉倒的架式，人家反而信服，好像被她吃定。

第三、她懂得心理，功課多爛的，聽她一說，就信心百倍。

有時候她還大吼一聲：「把手伸出來！」然後瞄一眼，狠狠打一下手心：「學業線這麼棒，明年包中！」

＊

一條補習街，家家都在搶生意，拿著各種「鐵證」給學生看，偏偏小梅這家毫無「業績」的補習班，先宣告額滿。開學前一天，小梅還吆喝大家，來了一次登山健行：「先熱身，再衝刺！」

開課了，學生一早都興致勃勃地趕來，只見小梅在教室裡呼前喊後地，教大家往裡坐。

「梅姐！你也來陪我們上一堂嘛！好不好？」有學生對她招手。

歪歪頭，想了想，小梅喊了回去：

「好啊！但是你們大家一定要特別專心，我們請來的可是大牌的名師。」

天知道是名師，小梅自己也不清楚。但是，才上課十分鐘，她就清楚了。

「這裡講錯了、那裡又說漏了。」小梅一開始，還只是揚揚眉、翻翻白眼，後來則一個勁地搖頭。幸虧她坐在最後面，沒人看到。

「這老師不錯耶！」下課時，幾個傻學生居然回頭，對小梅豎豎大拇指。

「笑死人了！」小梅嘴角又往上挑挑、往下撇撇：「要我講，都比他好多了。別以為我四年沒摸高中功課，他教得好不好，我一聽就知道。」

這話被班主任聽見，立刻把小梅叫了進去：

「你怎麼能說我們老師不好呢？」

「他是差嘛！我在講真話。」

「講真話，可以建議老師改進，也不能當著學生說啊！回頭學生都走了！」主任臉色很不好。

「學生不會跑。」小梅的嘴角又挑挑撇撇：「我先走，行了吧？」

說完，收拾起自己的東西，把小包包往背上一甩、頭髮一甩，也不顧主任攔阻，騎上機車，走了！

想一想

如果你是位年輕朋友，八成會覺得小梅很可愛，對不對？她心直、口快、古道熱腸，看這個補習班不上路，為免「作幫兇」，乾脆一走了之。多酷！

不錯！如果她不願意繼續昧著良心，為補習班吹噓，而誤人子弟，她是可以不幹。

但不幹可以辭職，何必以這種方式表現呢？

這是社會，不是社團；這是玩真的，不是玩假的。

最重要的是，做一天和尚，撞一天鐘。一個負責的和尚，即使中午要還俗，早上該撞的鐘也不會漏。

這是職業道德、職業倫理，也是一個成熟人的「格」。

如果你是賣瓜的，即使賣的是老闆的瓜，既然拿老闆的薪水，為他工作，就應該盡量說瓜甜。即使瓜不甜，也不該當著顧客的面說：「別買這瓜，其淡如水。」

我這麼說，不是希望每個人幫老闆，去賺不義之財，也不鼓勵大家去參加騙人的行當。「道不同，不相為謀」。「君子絕交，不出惡聲」，你可以因為理念不同，而求去。最少，不能穿著人家的制服，站在人家的屋裡、吃著人家的飯，卻砸人家的鍋。

*

記得兩年前，美國經濟景氣不好，有一陣子倒了不少銀行。

有一天我去某銀行存款，行員問我要存多久。

「三年！」我說。

她先一楞，接著做成驚訝的樣子說：「哇！那麼久。」又在為我填表時，一邊笑說：「到時候，這銀行不知還在不在喲！」

我事後想，若不是因為我知道有「銀行存保」，存的數目又不大。只怕聽她這麼一說，就縮手不存了。

＊

我發現，不懂得維護公司，是社會新鮮人的通病，他們很可能因為自己的職位不高，不打算長做，或表示自己「酷」，而對外人批評自己公司。他豈知道，這樣做，不但違反職業道德，也是瀆職。更由於這樣的表現，貶損了他自己的人格。

談到人格，我也見過一位自認有水準的留學生，當著一群仰慕中國的美國朋友，把中華文化說得一無是處。

突然有人問：「你是哪國人？」

這留學生的臉突然紅了。

因為，他發現他無法逃避「他是中國人」的事實。同樣道理，當你批評自己的公司或主管時，也要想想「你在哪裡工作」。

＊

換個角度。我也發現許多公司的主管，愛在背後跟外人批評自己屬下的不是。彷彿若不是他的監督，整個部門都會因為那一、二個「不上路」的職員而垮台。

這時候，主管該想想，屬下的不對，也是主管的責任。

不滿意，你可以明著請他走路，或好好教育他，使他成器。

你不能教育他，又不敢請他走路，表示你無能。所以，你對外人批評，只會損害你自己。

善帶人的長官，可以關起門來，嚴懲自己的人，但是當外人批評時，必定身先士卒地為「自己人」辯護。

有「格」的職員，可以關起門來，向長官痛陳公司的弊政，但到了外面，絕對維護自己的公司。

＊

談了這許多，我對工作倫理的結論是：

無論你是主管或部屬，永遠要記得——

第一、遵守職業道德，維護顧客的權益。

第二、嚴守職位的分際，在什麼職位，做什麼主、說什麼話。

第三、盡忠職守，誰護工作崗位和工作夥伴的權益，千萬別吃裡扒外、通奸資敵。

唯有人人遵守工作的倫理，人際才能有共信，事業才能有共榮，社會才能有進步。

第十四章　蠶食變鯨吞

橫過深谷的吊橋，
常從一根細線拴個小石頭開始。

免費咖啡廳

「不得了！不得了！一樓要開店了！」

「太不像話了！明明講好是純住宅大樓，怎麼能做生意呢？」

「快點召開管理委員會，叫那商店不准開張。」

*

管理委員會立刻舉行了緊急會議，連平常不太露面的幾個人物也到了。這是黃金地段的名宅，豈容得亂搞？

一樓商家的尤老闆乖乖到場，卑躬屈膝地頻頻向委員們致歉。

「道歉管什麼用？你違反規定，就立刻關門！而且把你自己開的那個門重新封起來。你難道不知道，這是擅自變造外觀，違法的嗎？」主任委員義正辭嚴地說。

「是的！是的！都是我不對。」尤老闆猛哈腰：「怪我沒先看清住戶公約，就買了一樓。但是，各位，你們許多都是大老闆，相信也能諒解生意人的苦處。我雖然開了個門，但是各位一定看得出，那門是非常講究的，絕對不會破壞大樓的顏面，看起來跟住家一樣。」

「笑話！你掛了招牌，怎麼會像住家！」有委員罵。

「哦！招牌，招牌我立刻拆，我們只是個辦公室嘛！也不堆貨、也不停機車，朝九晚五準時上下班，連訪客都不多。拜託！拜託！」對大家拱拱手：「各位給我一個月，大家看看，我們像不像個住家？」狠狠拍了一下自己腦袋：「都怪我掛了招牌，不然只怕半年下來，各位都不會覺得我們是辦公室。」

委員們開始議論紛紛——

「那門確實做得不錯！」

「要是真能不掛招牌，就讓他試試。」

尤老闆又堆上笑臉：「對了，我們有三台影印機，如果各位有什麼要印，請隨時下樓，就像自己家一樣，全部免費。」

＊

不久，就見大樓裡的太太、小姐、孩子，一個個往那「辦公室」裡鑽，孩子們還總笑嘻嘻地拿著糖果和鉛筆跑出來。

尤老闆也有時坐在管理員旁邊，跟每位進出的住戶打招呼：「歡迎！到我們公司影印。

不要錢，自己人嘛！」

＊

夏天，「辦公室」旁邊伸出了一個大大的通風管，有人抗議，那管子立刻縮小了些，大家也漸漸看順眼。

「也難怪他，原來窗型冷氣太小，我上次去影印，都快熱死了。」連大樓主任委員的太太都這麼說。

＊

尤老闆的外交是更進步了，不但免費影印，還有免費咖啡，甚至特別買了一組歐式沙發，請大家聊天喝咖啡。有時候，「來訪」的住戶多，還不得不站著等，等前一組人喝完了，再入座。

為此，尤老闆又進了兩套沙發。煮咖啡的機器，也換了更新式的。居然還會做 Cappuccino，香極了。

「這是我朋友，聽說你的咖啡香，特別慕名而來。所以他的咖啡，你不能請，我們一定要付錢！」有住戶堅持。

「哪兒的話？您朋友的錢，我不能收。外面不認識的，還差不多。」尤老闆硬把錢推回去。

尤老闆對「外面人」確實不客氣。非但收錢，而且不便宜。想想也是當然，寸土寸金的大樓裡，移走好多辦公桌，又買那麼高級的桌椅，當然得賣貴點兒。

偏偏人還愈來愈多，害得尤老闆不得不把地下室拿來招待客人。

「總不能不上班嘛！對不對？」尤老闆對大樓裡的熟朋友攤攤手、聳聳肩：「來來來！我新弄到一瓶三十年的好酒，請大家品品。」

好酒配好菜，太過癮了！

好菜是小廚房裡，新炒的。

＊

轉眼距尤老闆辦公室開張已經三年了。

三年，交了不少朋友，也多了不少客戶。

夜深人靜的時候，常見些高貴人士，匆匆趕來，又成雙成對地跳上車。

住戶換了不少，據說許多人是賠錢賣的。那些新來的住戶，常彼此探詢：

「到底怎麼回事？這麼高級的大樓，怎會容許樓下有這種營業？」

想一想

確實，這麼高級的大樓，又有那麼多當初強力反對的管理委員，怎會弄到這步田地？

道理很簡單：

因為碰到一個更高竿的尤老闆。他既懂得蠶食、分化，又懂得腐化。

他知道如果一下子露出尾巴，掛起酒廊的招牌，一定立刻被封殺。他甚至知道不能突然裝個冷氣的通風管。

他也知道人們是貪小利的。那些乍看不順眼的東西，看久了，就能變得視若無睹。

於是，他設計好，一步一步來。即使有一天，他不想做了，把一樓和地下室，當做可營業的店面脫手，也會比原來買「一樓住戶」的價錢高得多。

*

設計好，一步步來，這是每個國家、個人，甚至生物都懂的道理。

在公有林地旁邊種水果的人，知道怎麼偷偷把公家的樹皮剝掉，讓樹慢慢枯死，不再遮住他果園的陽光。

在小巷裡蓋違建的人，知道怎麼先放張桌椅、擋塊布。再把布換成塑膠，塑膠換成夾板。

然後，從一面牆變成兩面牆，從遮雨篷變成石綿瓦。

電影商明知道規定不准「露三點」，他偏用露出胸部的鏡頭送審。一次不過、兩次不過，只要有一天，居然審查機關放了一馬，從此，就表示這尺度被放寬。

孩子們明知道，父母規定晚上十點鐘以前一定要回家，偏偏就拖過十點。一次罵、兩次罵，只要有一天，父母不再罵，就表示這規定放寬了。

甚至據說以前國界線不是很明確的時候，蘇俄軍人常半夜出動，把中蘇界碑挖起來，往南跑上十幾哩，再埋下去。

所有的禁忌、規定、尺度、原則，都可以用「慢慢偷渡」的方式來打破。

只要你不干涉，就是默許；只要你沒察覺，他就得到既有的利益；只要他穩住這一步，就開始下一步。

於是蠶食到最後，成了鯨吞。

*

正因此，你會發現兩國之間，常為了一個不起眼的小島或一個小小的政治動作，而大張旗鼓地討伐。這討伐的目的，是用「小題大作」，來避免「小事變大」。

你也會發現，球員在場上，常為「是否在好球帶」，或是否「帶球撞人」之類的事，跟裁判爭。

誰都知道，裁判既然判了，就很少會改。但是，如果你仔細觀察，常發現，在球員抗議之後，裁判多少會比較小心，甚至突然變得對「相對的」那方，判得較嚴，好像有意表示自己公正，或「還你一個公道」。

做生意也是如此。記得我某日去拜訪一位商界的朋友。我們正聊天，他的職員突然進來報告，說：「明天是月結日，可是有一位廠商，今天急著要跟我們進貨，希望算下個月的帳。行不行？」

「不行！」我的朋友斬釘截鐵地說：「告訴他，如果你答應他，你今天就走路了！」

「只差一天，何必說得那麼絕？」我笑道。

「只差一天，他何不等明天叫貨，而非要今天送？」我的朋友答：「今天他要求你讓一天，明天要求你讓兩天。到後來，這生意還怎麼做？」

我非常欣賞他的這句話，尤其是他說：

「防微杜漸，既為我好，也為他好。」

為什麼？請看下一個故事。

當蜜月過去的時候

「喂！」一聽是魏老闆的聲音，康老闆心裡就笑了。果然吧！他要添貨，而且急如星火。少不得要調侃他兩句：

「早告訴你，一次多進點，保證好賣，你不聽，現在我就算給你趕工做出來，也得兩個禮拜。」康老闆停了一下，豪爽地笑笑：「好好好！看在老交情，我先調一批現成的，立刻給你……上一批的錢？還怕你跑了嗎？跟這次一塊兒算吧！」

東西立刻運了過去。沒兩個禮拜，魏老闆又要貨了。

「前帳沒清耶！」兼管帳的康太太提醒先生：「我們不能給他，先叫他把前兩筆錢匯來才……」

沒等太太說完，康老闆就揮揮手：「他要是敢賴，以後還要不要跟我們做生意？先給他吧！諒他跑不掉。」

一大批又運了過去。聽說魏老闆親自去機場接貨，他抓到這種新產品，可真是賺了。

＊

過了一個月，又接到魏老闆的訂單。

「他前三筆貨款清了沒有？」康老闆看看自己的老婆。

老婆搖頭。康老闆立刻撥了電話。

「康老！您來電話，正好，我正要向您報告，最近為了您這新產品，我們公司連會計小姐都出動了。整夜打包、郵寄，結果什麼都誤了。能不能等這陣子忙完，立刻給您奉上。」

魏老闆顯然正在忙，直喘氣。

「好吧！」康老闆笑嘻嘻地掛上電話，又對太太攤攤手：「他說他為我們的東西，快忙死了。就先給他吧！」

東西又運了過去。

只是，一天、兩天、一個月、兩個月，都再沒消息。倒是聽說因為對岸出了類似的東西，便宜得多，把市場全搞亂了。

康老闆也打過好幾次電話去催，魏老闆先還自己接，說生意難做，下游款子一收齊，就匯過來的話。後來，則連人都找不到了。

「難道魏老闆跑路了？」康老闆託朋友去打聽。

「他沒跑路啊！雖然生意沒前些時好，可還在賣你的東西。」朋友回電。

「賣我的東西？」康老闆抓抓頭：「他好久沒跟我進貨了啊！」

「聽說他跟別人買你的貨。」

「跟別人？」康老闆更糊塗了：「我是製造兼批發，難道他多花錢，繞個圈子，跟別人買我的東西？」

想一想

康老闆還沒想通的事情，或許你已經想通了。

為什麼魏老闆寧願繞圈子？

因為他欠康老闆的貨款太多了，當他打電話叫新貨的時候，也正是他必須面對舊債的時刻。這就好比朋友向你借錢，他借一次小錢，你不催他還；他再借，你還不催討。當他愈借愈多，不再有臉向你借。

他開始避著你。

結果，你不但失去了錢，也失去了朋友。

*

想想，如果你在朋友欠你小錢的時候，就趁他領年節獎金，暗示他還，甚至故意做個低姿態，說自己出了點事，急需。

錢的數目少，拿出來輕鬆愉快，他當然會還。

如此，有借有還，朋友之間既有「通財之義」，也有「還錢之信」，永遠是好朋友，怎會淪落到避不見面的地步呢？

俗話說得好——「債多人不愁」。

債多而不愁的人，不是有能力還債，而是「一翻兩瞪眼」——要錢沒有、要命一條。他由拉下臉來借錢，到拉下門來躲債，最後則是拉下自尊賴皮。

失敗到絕望的時候，就自暴自棄，這是人的天性。不論做生意、帶部屬、交朋友，希望能有君子之交，就要時時注意「怎麼維護對方的自尊」。

對的！對方的自尊要你來維護，如同一個女人應該知道在男人稍露輕佻時就暗示「不可」，而不能等到對方褲子都脫下來的時候，才喊「NO!」

當你發現部屬財務上有小毛病的時候，無論是公司的財務，或他與同事間的財務，你都應該想辦法「了解」，甚至幫他擬出計畫解決。

否則，你就可能失去一位部屬、攪亂一個大辦公室，或被捲款潛逃。

當你跟合夥人，正「發」得昏天黑地的時候，要趁這春風得意時，把帳弄清楚。

否則，當市場冷下來，心冷下來，面孔也可能冷下來。許多「能共安逸，不能共患難」的結局，都是這樣造成。

*

回頭想想，難道魏老闆從一開始就想賴帳嗎？

當他賣得正好，供不應求時，為了貨源供應，他會不乖乖付清貨款嗎？

當他生意興隆，財源廣進的時候，他又可能付不出錢嗎？

相反地，如果他大賺的時候不立刻付清貨款，等到生意「慢下來」，欠債愈積愈多，情況就不一樣了。

這世上無論進化或腐化，都是慢慢發生的。唯有建立制度、情理分明的人，能夠像設有紅綠燈和安全島的道路，不但走得快，而且少出事。

記住！農業時代，那種「一諾千金」的時代過去了，要做長久的朋友、長久的生意，你要有維護對方尊嚴的技巧，與絕不妥協的原則。

第十五章　最高明騙術

自從昆蟲發明了翅膀，
蜘蛛就發明了網。

萬里尋畫記

「楊教授！我現在在美國鄉下，告訴您個消息。我無意中發現，有個美國老太婆，家裡掛了兩幅張大千的畫，都是四呎全開。老太婆不知道張大千是誰，我也不敢打草驚蛇……」

小廖在長途電話那頭喊。

「四呎全開？」

「是啊！而且是青綠潑墨！」

「怎麼會落在那洋老太婆手上？」

「我也不曉得，聽說張大千五十多歲的時候，在這兒待過一陣子，老太婆說是她先生留下的。但是不准拍照，沒您過目，我不敢買……」

放下電話，又拿起電話，向學校請假。

楊教授第二天就上了飛機。

小廖的話沒錯，放眼當今畫壇，除了楊教授，沒人有百分之百的把握，鑑定張大千畫作的真偽。他甚至憑感覺，就能分出真假。

靠這本事，楊教授真還賺了不少錢，好些別人沒把握的畫，他瞄一眼，扔下銀子，隔天一轉手，就是幾倍。

「四呎全開？」楊教授閉著眼，笑了。雖然坐頭等艙，椅子能躺平，十七個小時，他卻一直沒睡著。想到那一張最少值一百萬美金，兩張兩百萬，楊教授心裡就怦怦跳。

*

從紐約轉華府，又換小飛機，到那維吉尼亞的小城，已經是二十八個小時之後了。

「不用休息！」楊教授對小廖揮揮手：「我臺北的事忙，馬上就得趕回去。」

小廖也便不敢遲疑，匆匆跳上車。

車子往鄉下開。暮冬了，一大片、一大片的白，和灰灰黃黃的枯樹與蘆草。

進入樹林又通過一段滑溜溜的路面，停在個老舊的大房子前。

房簷都歪了，積雪凝成一條條冰柱。石階上的雪沒清，兩個人小心地扶著欄杆往上爬。按鈴半天，才見個枯枯乾乾的老太婆來開門。也沒說話，轉身往裡走。又舉起顫悠悠的手：「你們自己看，全不要了，都能賣，桌子最值錢，燈也不錯……」

「她要搬到老人院去了。」小廖在楊教授耳邊說。

兩人也就摸摸桌子、看看燈，楊教授還故意摘下眼鏡，趴到前面，用手指彈了彈燈座：

「純銅的！」一面偷偷端詳牆上的那兩張畫。

張大千要是知道，這麼好的畫，掛成這樣子，八成會氣死。連裱褙都沒有，皺巴巴地放在兩個不起眼的黑框子裡。

楊教授小心地繞過沙發，從火爐上的小擺設開始看，再做成「不小心」地瞄到那兩張「巨作」。轉過身，歪著頭問：

「這畫是誰的？中國畫耶！」

「對！中國畫，不知誰畫的，掛好久了。」老太婆說。

「嗯！」楊教授又轉去屋角看牆上的鏡子：「這鏡子賣不賣？」

「賣！八十塊！」

「哦！」沒回頭，隨意指指張大千的畫：「那兩張畫呢？」

「一張十萬，一共二十萬。」

「什麼？這麼貴？」楊教授叫了起來：「又不是什麼名家。」

「可是是我先生留下來的。他說是好畫。你願意就買，不然我自己留著。」老太太抖著手，往火爐裡扔舊報紙，火焰一下跳動起來，飛出好多黑灰。

「不便宜耶！」楊教授低聲對小廖說。

「我也沒想到。會不會她知道誰是張大千了？」

「倒是真的張大千。」

「您沒細看，怎麼確定？我可沒把握喲！」小廖緊張兮兮地說。

「我說的，沒問題！」

「那當然！那當然！但是我最近緊，您要，您就拿吧！」

楊教授突然轉身，面無表情地對老太婆豎起兩根手指：

「一張一萬，一共兩萬。」

老太婆也面無表情：「二十萬，少一塊錢也不賣。」

楊教授掏出了支票。小廖則去摘下畫，又把畫從框子裡拿出來。「您要不要再看看？」

小廖還不放心地問。

「不用了！」把畫接過，塞進隨身準備好的長塑膠筒裡。

外面又飄起霏霏的雪花。

楊教授卻覺得十分溫暖，且在上飛機前，塞了一萬塊美金給小廖：

「謝謝你了！等我賣了，還會加謝你。」

「只要您看得準，這好畫應該由您得。」

「沒問題！」

*

楊教授又一路沒能好睡。想到一轉手，就是兩百萬，足賺一百八十萬美金，才不過四天時間耶！

只是才回家，楊教授就病倒，住進了醫院。

神智昏迷中，他還不斷喃喃地說：

「明明是新造的假畫，我怎麼沒看出來呢？」

想一想

是誰騙了楊教授？

是小廖和那老太婆嗎？由小廖先去找高手，偽造兩幅張大千的畫，再找個鄉下的老太婆，扮豬吃老虎地讓這位「權威」陰溝裡翻船。對不對？

可是，小廖不是再三提醒楊教授，說自己沒把握，要他多看看。連上飛機前，都說「只要您看得準……」，而楊教授也回答「沒問題」嗎？至於那老太婆，更是從頭到尾，也沒說那是張大千的作品哪！

所以，我們真正能說的是——

「楊教授把他自己騙了。」

他先以為一個鄉下的老太婆，不識貨，也不可能搞鬼，而放鬆了戒備。又因為經過二十八小時的旅途，而精神不濟。加上屋內的燈光昏暗，偽製的工夫不差，且皺皺地裝在框子裡，自然容易看走眼。

更重要的原因，是他要裝作不在意的樣子，免得引起老太婆的疑心。所以，從頭到尾，他根本沒好好把那張畫瞄上幾眼。

你怎麼不說，是楊教授想騙老太婆呢？

如果老太婆賣的真是價值兩百萬美金的「大千真跡」，而楊教授只付了二十萬，豈不是在小廖和楊教授的聯手下，使可憐的老太婆吃了大虧？

楊教授簡直是跨海行騙的「國際大騙子」啊！

如此說來，楊教授是「偷雞不著蝕把米」，他又有什麼好怨的？

*

在香港流傳一個故事。

某人逛鳥店，發現一只破舊的鳥籠，裡面的鳥雖然普通，那鳥喝的「水皿」卻是值錢的骨董，於是假裝要買那隻鳥。

鳥價開出來，某人嚇一跳，心想一隻小鳥怎會值這麼多錢？明明是敲竹槓。可是他也暗自興奮，心想單單這水皿，就值幾萬港幣，於是掏錢買了下來。

只是店主接過錢，立刻拿了個新的水皿，換下那個「寶貝」。

「沒關係！沒關係！舊一點沒關係！」某人趕快阻止。

「您沒關係，我可有關係啊！」鳥店老闆笑道：「這是明代官窯，值幾十萬。我的生意，全靠這祖傳的好東西啊！」

＊

見獵心喜，卻又因為心喜過度，而喪失了原有的判斷力。這是每個人都有的毛病。

我們總是想別人沒自己聰明，而在下棋時，希望對方不要看出我們的弱點。如果對方真沒看出來，而走了另一步時，我們則暗自心喜。

豈知，如果對方是高手，他也可能正設下這個陷阱，讓我們把注意力放在上面，而忽略自己另一個更大的弱點。

＊

常聽買房子的人說：「最好找沒有掮客的屋主，可以省下一筆佣金。」

也常聽賣房子的人說：「最好自己賣，於是買主省下的佣金，可以加在房價上。」

這兩方面的說法，已經十足表現了其中的矛盾。

他們都以為「對方」是傻子。怎不想想，愈是這種不找掮客「帶看」，而寧願自己出馬的人，愈是精明的人物。相反地，如果你找了掮客，他能帶你看很多房子，使你有個比較。又能拿許多別人賣房的資料給賣主看，讓他知道「天高地厚」，常常反而能有較合理的交易。

談到交易，請看下一個經常發生的實例。

五折大採購

經過威尼斯、比薩、佛羅倫斯，和許多叫不出名字的小城，一團人終於到了羅馬。

看到高速公路上出現「羅馬」的大字，幾位太太都興奮地叫了起來。

她們倒不是想看聞名世界的競技場、萬神殿和梵蒂岡。一路上已經不知看了多少競技場、神殿和教堂。一位太太說得好：「都是大同小異嘛！」

她們的興奮，是因為終於可以買東西了。

「大城市最便宜，這是當然的！」幾個太太私下交頭接耳說：「競爭大嘛！運輸又方便，而且仿冒抓得嚴，比較沒有假貨。」

男人們也都早早就授權老婆，可以在羅馬採購。道理很簡單：「與其早早買了，害我們提行李。不如等到最後一站一次買個夠，隔天上飛機，多方便！」

*

剛進旅館 check in ，幾個太太就在大廳集合。導遊正坐著抽菸，笑吟吟地問：「到哪兒去啊？」

「買東西！」

「哦！對面百貨公司就有，價錢公道。」導遊指指門外。

「別聽他的！沒安好心。在這熱鬧的大馬路上，怎麼可能便宜？八成有他好處。」有位太太小聲說。

「是啊！想想那店面租金就多少，全算在了顧客身上。」「咱們還是找那巷子裡的，一定便宜。」另外兩位附和著。

*

躲過導遊的眼神，幾個太太像作賊似地溜出旅館。

匆匆穿過馬路，視若無睹地衝過那間百貨公司。又經過幾家掛著 GUCCI、BALLY 金字招牌的專賣店。終於看到一個小巷子，裡面傳來叮叮噹噹的音樂。

巷子裡還真有不少商店，不但在櫥窗上掛著 SALE 的大牌子，還寫著日文。

「這家有中文耶！」一位太太叫了起來。可不是嗎？還寫著折扣、免稅的字樣。

一票人全衝了進去。

店主是義大利人，卻鞠著九十度的躬，說了一大串日文。

「我們是中國人！」

「哦！中國人。歡迎！歡迎！很好！很好！便宜！免稅。」店主開始跑前跑後地重複這幾句中國話，一碰到有人指著東西問，就舉起五隻手指：「五折！五折！」

＊

「咱們真來對地方了！」幾個太太大包、小包地走出門，彼此慶賀地說。

「是啊！真沒想到，不到一個鐘頭，全搞定了。」

「你買了什麼？」

「我先生的皮夾克、我的兩雙鞋，還給女兒買了兩條長裙，漂亮極了！」

「我買了五個皮包。」伸伸舌頭，拉開手提袋的一角：「看看！還買了一堆小錢包，不貴！一個才合二十塊美金。」

又經過那家百貨公司。

「耶！那不是你買的小錢包嗎？」有位太太指著櫥窗問：「只怕這裡得賣四十塊一個吧！」

「恐怕都不止，看他怎麼寫？」

有人湊去看上面的英文，一個字、一個字地翻譯：「凡購物超過……元……贈送真皮……小錢包……」

「什麼？」大家都衝了過去。

櫥窗裡全是名牌的東西，跟她們買的一模一樣。

「價錢？」

「好像不對耶！怎麼比那家便宜得多？」

想一想

我家門前有兩排杜鵑花。

到了夏天，常有蜘蛛「橫跨過」中間的走道，織起特大的網，走過去，稍不小心，就弄得一臉蜘蛛絲。

我常觀察那些蜘蛛。發現同一種蜘蛛，有些喜歡在開闊的地方，織大網；有些專挑小角落，織個簡簡單單的小網。

織大網的蜘蛛，捕獲獵物的機會也多，網上常掛滿各種昆蟲，不過大概因為吃得太飽，牠常放著獵物，不去理睬。

相反地，那小網雖難得有收穫，但是只要小蟲一入網，蜘蛛就像餓虎撲羊似地衝過去。

＊

人也一樣，有人喜歡大場面，有人偏愛小格局。賣牛肉麵的，不一定比賣魚翅的賺得少；擺小攤子的，不見得比開大店的寒酸。

無可否認，在小街小巷的店面，房租要比大馬路上便宜許多，東西也可能較廉價。但也無可否認，那些小巷裡門可羅雀的餐館，東西八成不如賓客如雲的大餐館來得新鮮。

同樣的道理，如果一個大公司，顧客非常多，他可以用較便宜的價錢，向廠商大批進貨。由於他是大買主，製造商也一定會特別買帳。缺貨時，「大買家」先得；貨多時，大買家可以「切貨」。

所以，當這種大商店減價時，常能低到小店「瞪眼」的地步。

＊

我們更要了解一件事，就是人性。

既然有「以為小角落就比較安全的蚊子」，也就有「專在小角落下網的蜘蛛」。憑什麼只能你聰明，別人就不能對準你心理的弱點呢？

如果他是「三年不開張，開張吃三年」，好不容易有你這條肥蟲上網，就更會好好「吃」你了。

所以，你可以放心自己家門邊的小店，認定他比較便宜。（因為他今天騙了你，明天你再也不上門，甚至可以到四鄰去告他）卻絕不可相信旅遊區，尤其是異國的商家，免得被他們「連肉帶骨」地吃掉。

*

記得十八年前，剛到美國的時候，有一天我由紐約的皇后區，要去鄰州的紐瓦克機場。特別翻中文報紙，打電話，找了一家中國人辦的「機場接送」。

坐在車上，我高興地問司機：

「那些洋人的計程車，跑這麼一趟，一定貴得多吧？」

他一笑：「不！他們比較便宜。」

我不敢相信自己的耳朵，請他再說一遍。

他又輕鬆地笑笑：「滿街都是他們的計程車，當然比較便宜。滿街車子你不叫，偏叫我們的車，通常都是因為不會講英語，這是特別服務，當然比較貴。」

雖然現在因為華人增多，情況有了改變，但我還常想起這一幕。佩服那位司機的誠實，也咀嚼其中的道理。

現在把這道理告訴您，也請您咀嚼！

第十六章　解讀人性奧祕

旅館在房間裡為你準備擦鞋布的原因，是怕你用他們的白浴巾去擦鞋。

後來居上的小董

自從知道王副校長要回國，小丁、小石和小董就興奮起來。雖然王副校長已經退休了，但誰不知道那個「東山實驗室」，是他一手搞起來的。天哪！談到東山實驗室，哪個研究激光的人，能不豎起大拇指？

當年在研究所的時候，三個人就夢想有一天能去「東山」，卻又聽說東山只接受自己人推薦，外人根本打不進去。

現在機會終於來了！

＊

王副校長回國跟著女兒住。那女兒「把關」把得很嚴，說她老爸身體不好，不能被打擾。三個人撥了許多次電話，又寫了好幾封信，才終於有回音。

「不要談太久。」進門時，那「女人」冷冷地說，又指指鞋櫃，意思是「你們的禮物，就放在上面好了！」

王副校長倒是位和藹可親的老人，顫抖著手，招呼三人坐下，還親自打開糖罐，請大家吃。

「我這老關係，還不知管不管用喲！不過最重要的是論文，你們把過去寫的東西都拿來，我幫你們寄過去，試試看！」老先生豪爽地笑道，又抬頭看看站在門口的女兒。

「您該吃藥啦！」女兒拉長了聲音說，跟著過來把老先生扶了進去。

「把東西送來、把東西送來……」老先生邊走邊回頭。

*

第二天，小丁就把厚厚五本著作，跟重重兩籃水果，送交王小姐。

第三天，小石也備齊了一落論文和專著，交給王小姐，並奉上一千塊錢郵費。

又過了一個多禮拜，小董才總算把資料弄齊。他自知東西有限，比不上那兩位同窗，所以臨時又湊了些，釘起來，倒也是四大本。

拿到郵局稱了稱，買了個航空包裹的紙盒子，先貼足了郵票，送去給王小姐轉交。

「你可真慢，你兩個朋友的東西，我早寄走了，你才來。」

「不好意思！不好意思！」小董直賠禮，心想：「這下完蛋了！」

＊

沒想到，小董不但沒完蛋，而且不久之後，就收到了回音，說「東山」正缺一位研究員。

「一位？」小董楞了一下：「難道小丁和小石都沒入選，卻選上了我這個最弱的？」他照信上的電話號碼，撥去給東山的主任。

主任對他表示了歡迎之意，還請他代向王老博士致意。

臨掛電話，小董好奇地問，不知道我有兩位同學……

「哦！石先生和丁先生是吧？」主任停頓了一下，嘆口氣：「唉！他們真傑出，只是東西寄到，已經太晚了……」

想一想

小丁和小石明明比小董強，為什麼反而落選了呢？他們不是早早就把東西送去，怎麼反而後寄到呢？毛病出在哪裡？你想通了嗎？

如果還沒有，就先看看下面這個真實故事——

*

我有位朋友，總接公家的生意。大家都說公家辦事特別慢，一件公文可以旅行好幾個月。我這位朋友卻辦事特別快，常常別人的東西還壓在承辦人的手裡，他的案子已經一關、一關送上去，批下來了。

你猜是什麼原因？

請不要想歪了。我這位朋友絕沒行賄，如同小董，規規矩矩做事。但他為什麼辦事特別順呢？

如果還沒想通，請再看一個故事——

*

有一陣子，每次我叫裝訂廠裝書，如果當時印的是三千本，只要沒有少交貨，我就照三千本付錢。

裝訂廠很不錯，他不但多半如數交貨，而且常多裝出一、二十本。這是因為印刷時總會多印一些，湊起來，便能多出一些。

我後來覺得不好意思讓裝訂廠免費裝那一、二十本，就告訴他：「以後裝來幾本，就算幾本錢，裝三千零二十一本，就給三千零二十一本的錢。」

妙不妙？從那時起，他常一次多裝出上百本。甚至主動告訴我：

「下次只要某頁到某頁加印多少張，加上前次多下來的，我就能再裝出一批給您了。」

*

現在，讓我們回頭看看這幾個故事。

小丁和小石雖然除了厚厚的著作，還送了禮物和現金，為什麼東西反而寄得慢呢？

道理很簡單——

小丁的水果，她已經收下了。水果不能換現金，王小姐要寄，就得自己掏錢（或用她老爸的錢）。能為他「水陸」寄去，已經很不錯了！

小石的錢，她也已經收下。入了口袋就是她的，想想這麼厚一落論文，能省省，用水陸寄不也很好嗎？

小董的東西，還真體貼，一盒裝好、連貼航空郵票的工夫都省了，推薦函往裡一塞，扔到郵局，就成了。

結果，當然是小董的東西先到。

＊

至於我那位朋友，他的「神通」也很簡單——

他發現辦事人員拖，常是因為本來就忙，還得花許多時間去了解整個案子。有時辦事員的文筆差、了解不深入，非但寫得慢，而且寫得差，結果明明可以辦成的事，反而被打回票。

於是，他乾脆每次特別言簡意賅地，把整個案子的要點、得失，甚至利弊，先擬好一份「像是呈文」的東西，送去請辦事人員參考。

那辦事員一看，東西寫得既好又客觀，乾脆照抄呈上去。

他的事情當然辦得又快又順。

＊

至於那位裝訂廠的老闆，以前他多為我裝一本，等於他自己多貼一本的工錢，那多裝的一、二十本，是賣面子。

面子不能永遠賣，就算賣也有限哪！

但是當我如數付錢的時候，情況就不一樣了——

他多裝一本，就多一本收入，哪個生意人不希望多做些生意呢？

他當然會努力做！

＊

人們失敗，常因為不能替對方想。

許多人寫信，不但龍飛鳳舞地簽名，而且龍飛鳳舞地寫地址。他以為自己滾瓜爛熟的地址，也應該是別人熟悉的東西，豈知可能因此，而接不到回信。

許多人在投稿時，也字跡潦草。當他寫一般文句的時候，上下文串起來，主編還能「猜」到，但是當他寫地名、人名或專有名詞的時候，難道還要忙碌的主編去翻百科全書嗎？

他常因此被退稿。

＊

相反地，你會發現于右任和張大千，雖然當他們揮灑時，常寫出難認的字，但為人寫招牌、匾額的時候，卻總是一筆不苟。

禁菸的餐廳，會在桌上放菸灰缸，免得那些拿著菸進門，或點起菸才「發現」的人，因為沒地方熄滅菸頭，而在桌面上擰、腳底下踩，弄得更為髒亂，甚至扔進垃圾桶，引起火災。

聰明的旅館，會在每個房間準備一塊擦鞋布或「石蠟鞋擦」，免得房客找不到東西擦鞋，而用浴巾「解決」。

精明的商人，會在要求回信的DM信封上，印「廣告信函，免貼郵票」，以免原本要回信的人，因為一時找不到郵票，又懶得跑郵局，而「石沉大海」。

他們都像是多此一舉、自找麻煩。

他們也因此，都比較容易成功。

記住！

想讓自己成功，先得了解人性，為別人著想。

第十七章　搶得先機的學問

他吃不下，也不讓別人吃。
一口咬下，含在嘴裡，不吞下去。

好個豪爽的大漢

「醒醒！醒醒！」太太把小郭搖醒：「外面好像有動靜。」

「什麼動靜？」小郭坐起來聽：「沒什麼啊！下雨的聲音嘛！」

「不對！我覺得外面有人。」太太居然先溜下了床。

小郭趕快也跳下來，輕手輕腳地走到門邊，把耳朵貼在門上。

「是水聲，你忘了關水龍頭？」說著拉開門，才把腳探出去，就嚇得縮了回來。

滿地都是水，還一波波地由書房往客廳流。

衝進書房，就更慘了。兩條水柱從日式的天花板上往下淌，書桌、書架全泡湯了。

*

第二天一早，小郭就急著撥「抓漏專家」的電話。但不是沒人接，就是沒空。尤其聽說是瓦頂，更沒幾家有興趣，一路照著電話簿上的號碼撥，撥了二十幾家，只有三家說來看看。

最先來的是個白臉的年輕人，慢吞吞地從車裡拉出梯子，搭在房簷上，嘴裡叨著菸，爬上去。伸出兩根手指，翻起邊上一塊瓦，往裡瞧兩眼，就下來了。

靠著梯子繼續吸菸，吸完，把菸屁股一彈，手揮了揮：「全爛了！這一大片，連瓦帶木頭，都得換。」又歪頭想了想：「十萬塊，我包！」

郭太太倒抽一口氣：「什麼？一點漏，要十萬塊？」敷衍了兩句，跟著打電話給丈夫：「一個不學無術的年輕人，胡亂開價，我把他打發了。」

*

接著來了一位老阿公，腰都彎了，爬梯子的樣兒像隻老猴子。

老猴子居然上去了，走過來、走過去，又東敲敲、西敲敲。郭太太直捏冷汗，怕老猴子摔下來。

一面喘氣、一邊搖頭，老阿公從車裡拿出個本子，填了些數字，又在旁邊算了半天，說：「我自己給你做，最少要九萬，因為瓦下面的木板和油毛．都爛了，不換不行。」又把張估價單交給太太：「要做就早告訴我，還得去買材料。」

老阿公走了，郭太太拿著估價單，左看、右看，看不懂，除了扭來扭去的數字，還有一堆日文符號。

「這老傢伙，要的大概是日本價錢，奇貴。」小郭下班回來說。

「是啊！而且那麼老了，自己都該被修理了。」太太笑笑。

＊

正笑著，門鈴又響，是個大漢，從屋裡就見個光亮亮的腦袋，由門縫透出來。

幸虧夏天黑得晚，大漢又高，趁著灰灰的暮色，只爬到梯子一半，往屋頂上摸了摸。又跳下來，到房子另一側，站在地上張望一下。

「別人說的也不錯！」大漢倒爽直：「不過，他們有點誇張，雖然有些爛掉的地方，補補就成了。對吧？」大漢咧嘴一笑：「大家都改建了，相信你們也不打算再住三十年，所以能維持個七、八年，也夠本了，對不對？」

「對！對！對！」小郭兩口子，異口同聲地附和。

「給這個吧！算結個緣！」大漢伸出大大的巴掌。

小郭立刻下了訂金。還拍了拍大漢：「你這個朋友，交定了！」

＊

性情中人，果然不同。第二天，兩口子還在睡覺，突然被外面啪喇啪喇的聲音吵醒。原來大漢已經爬上去拆瓦了。

「給他買份早點，中午再買個便當。」小郭出門，還叮囑老婆：「照他這麼快，大概一天就弄完了。」

只是下班到家，半天瓦都拆了，卻見太太和大漢兩個人，正站在院子裡發呆。

「我們正等您呢！」大漢熱情地迎上前，又把梯子扶好，請小郭爬上去，在下面喊：「郭先生，您看看！有白蟻耶！這下頭木板全爛了。」

「我也看過了！」太太在下面說。

把小郭扶下梯子，大漢嘆了口氣：「不換，也能勉強對付，只是我怕瓦重，哪天垮了，傷到人。」

小郭沉吟一陣，抬起臉：「如果換，要多少錢呢？」

「交個朋友，我不打算賺您一文，就給個材料費，加上我找助手的工錢。」大漢又伸出他的巨靈掌，翻了那麼一下：「您再加個……」

「五萬？」

「您這是跟我開玩笑了！」大漢哈哈笑了起來：

「就加個十萬，一共十五萬，算結個緣吧！……」

想一想

你猜小郭做了沒有？

他能不做嗎？屋瓦已經掀了，下面爛掉的木板也攤在那兒。大漢沒說假話，有眼睛的人，都見得到啊！誰敢冒被壓死的危險，而不去修呢？

你猜大漢是不是起初確實沒看出來？還是他先裝傻，或者，「輕報病情」，等你讓他「開刀」，把肚子剖開來，才大嘆一口氣，說：「小手術要變大手術了？」

答案，請你自己想。但我必須強調，這世界上有些人是開「合理標」，有些人是開「最低標」。

開「合理標」的人，先算好大約應該需要的工資和利潤，來投標的人，要價過高，他固然不取。如果報價太低，他也不取。道理是：那麼低的價錢，不可能做得好。

至於開「最低標」的，則是只要東西看起來差不多，誰算得便宜，就買誰的。豈知生意人，往往看準這一點，先以最低價，搶下這筆生意，再一步步要你追加預算。

「對不起！物價上漲了。」

「對不起！碰到流沙層了！」

「對不起！我這樣做，一定自己先倒，我做不下去了。」

碰到這種狀況，你是拿「合約」修理他，還是妥協？何況許多民間的交易，像小郭的屋頂，根本沒簽什麼「合約」。

除了交易，人事也一樣，請看下一個故事。

包在我身上

王總經理最近真是頭痛極了。

業務部經理退休，下面的陳副理和吳副理，到底升誰好呢？

業務部可以稱得上是公司的心臟，心臟不好，公司就關門了。

陳副理和吳副理都是第一線的戰將。兩個人平常有說有笑、平起平坐，連辦公室都一左、一右，一樣大。

可是，現在只能升一個人做經理，這問題就大了。

*

考慮再三，他決定個別談話。

「如果你升上來，做經理，你能保證明年業務增加多少？」王總經理問陳副理。

「這個……您給我兩天，讓我算算。」陳副理居然說要回辦公室看報表。

又找吳副理來。

同樣的問題被提出了。

吳副理先楞了一下，但是即刻恢復笑容，拍拍胸脯：「這個您放心！如果我升上來，能放手照我的想法去做，明年最少增加百分之三十。」

「你不需要看看過去的統計？」

「不必！全在我的腦子裡！」

*

隔一天，陳副理總算看完統計，回來報告。

「你有答案了嗎？有把握一年增加多少業務？」王總經理笑道。

「在目前經濟不景氣的情況下，我只能保證不會減少。」

總經理的臉都綠了，草草地結束談話。

第二天，吳副理就搬進了經理的大辦公室。

只是，一個月、兩個月過去，沒見什麼起色，連辦公室的小妹，都覺得電話少了。

一年算下來，業務反而下跌了百分之十。

*

「你是怎麼搞的？」總經理鐵青著臉，把吳經理叫去。

「唉！真沒想到，市場實在太不景氣了，大家都縮減廣告預算，加上惡性競爭，我雖然拚了命……」吳經理狠狠搥自己的頭：「我該死！對不起您。您還是讓我回去做副理吧！我想，我實在不是一級主管的料。」

把吳經理調回副理，再把那位腳踏實地的陳副理升上來？

不行啊！

因為自從吳副理「扶正」，沒多久，陳副理就拂袖而去，被死對頭那家公司，聘去做經理了。

「如果不是他窩裡反，去資敵，我一定能做到一年增加百分之三十。」吳經理常這麼咬牙切齒地說。

想一想

請問，在這個故事裡，誰贏了？

你可以說吳副理贏了。雖然他後來挨了罵，但是最起碼，他擠走了陳副理，「一人獨大」地坐上經理的位子。即使表現不佳，公司都因為一時找不到替代的人，而對他無可奈何。

你也可以說陳副理贏了。他雖然受了氣，但是立刻被別家的伯樂賞識，跳槽作了經理，且打敗原來的公司，報了一箭之仇。

這麼說來，輸家只有一個，就是王總經理。因為他愛聽吳副理浮誇的話，用了差的、走了好的，使公司輸慘了。

問題是，誰不喜歡聽好聽話呢？每個人都認為自己很理性，能夠明辨是非，但是每個人在不自覺中，也都愛聽讒言。

吳副理就抓準這一點，開出「空頭」的支票，搶下「實在」的位子。

＊

早年我曾經在中視主持一個叫作《分秒必爭》的節目，顧名思義，那是個講究快的節目。我用極快的速度把題目念出來，再由參賽的兩隊搶答。

當時參加比賽的，都是各校的精英，實力常在伯仲之間。而我發現，獲勝的往往是最先按鈕的。

甚至題目都還沒聽懂，他已經按鈕，一邊按，一邊想，就在那兩三秒鐘，想出答案，獲得了分數。

相反地，我發現輸的那一隊，很可能每次都能在同一個時間想出答案，只怪他沒先按鈕，而沒機會作答。

這管他會不會，先按鈕，搶位子的方法，就與吳副理用的一樣。

從政的人常說，先不要考慮開出去的政見支票能不能兌現，而要知道，如果得不到政權，就連半個政見也無法兌現。

在人生的戰場上，無可否認的：

當兩個人戰鬥，只有一把槍，誰先搶到槍，就可以用槍把對方撂倒。

既然對方倒了，就不再有人和你爭；既然沒人跟你爭，就連指責你當初不擇手段「搶槍」的聲音，也不再會出現。

談到「聲音」，學問可大了。

請看下一個故事。

半個也跑不掉

「託您的福！過年前嘛，當然比較忙。」莊老闆一邊接電話，一面鞠躬。什麼人一看就知道，必定是周老闆打來的。

「不！不！不！不！」莊老闆突然叫了起來：「您放心，您的東西，我拚老命，也會趕出來。您放心，東西一定好，您可以隨時來抽查。」

放下電話，廠裡幾十雙眼睛，都瞪過來。

「他要多少箱啊？」莊老闆的大兒子板著臉問。

「一千箱！」

「一千箱？」大家都叫了出來。

「爸爸！你瘋啦？」二兒子衝過來：「我們已經做不完了！」

「急什麼？」莊老闆沉聲吼道：「你老子有辦法。」又一伸手：「拿工作單來！那兩個新客戶的九百箱，發給小孫的工廠去做！」

「那個小孫？」老三也走了過來，瞪大眼睛說：「太爛了吧！」

「叫他做好一點！關著門做，別讓那兩個客戶知道。」

＊

過年前，果然所有客戶的東西，都準時交件了。

周老闆直拍莊老闆肩膀：「不簡單！夠意思！臨時要這麼多，我原以為非找別人不可了，沒想到你居然硬是做了出來。」

「您要的東西，有什麼話說？」

周老闆開了即期支票，高高興興地上了賓士車。

＊

另外兩家可就沒這麼簡單了。

艾小姐最先吼了過來：「我看過你給別人做的，都很好，為什麼給我做的，毛病這麼多？」

莊老闆立刻過去道歉，鞠了九十度的躬，自願打七折。

艾小姐總算臉色又恢復了血色，指著莊老闆說：「下次再這樣，我會退貨！」

＊

劉老闆可沒等下次，二話不說，「退貨！」

莊老闆又去哀求，不但提了大包小包的禮物，而且一路鞠躬，差點撞上了門框。

「我不管你怎麼解釋，就算過年趕工，也得做好。那麼多毛病，你要我怎麼賣？」

「這個、這個、全怪我，我們今年不發紅利，給你打七折……」

「打七折也不行！不是我說好就好。」劉老闆指著莊老闆的鼻子吼：「別人會退我貨啊！」

「退多少，我就重做多少。年初四就動工，專為您補做，另外免費為您多做五十箱。求求您，看在過年……」

劉老闆沉吟了一陣，揮揮手。

＊

果然年初四，莊老闆就開工了，專為劉老闆做。因為是「本廠」製作，又做得特別小心，劉老闆驗收時，居然笑了。

又隔些時，莊老闆請喝春酒，周老闆、艾小姐和劉老闆都到了。席間艾小姐和劉老闆雖然揶揄了主人幾句，卻也顯示他們對莊老闆「勇於認錯、負責到底」態度的欣賞。

至於老主顧周老闆，聽在耳裡，就更是「甜在心頭」了。頻頻舉杯敬莊老闆：

「盡在不言中！」

想一想

莊老闆棒不棒？

棒！而且正是，「盡在不言中」。

他賠了嗎？

沒賠！因為交給二流的小廠「代做」，已經省不少錢。二流貨當一流貨賣，就算打七折，都有賺。就算重做五十箱，也可以打平。

結果，不但沒丟掉兩個新客戶的生意，還莫名其妙地「建立了信用」。

更重要的是——

他留住了那老主顧周老闆。

如果當時他不接，周老闆找了別人，別人看到「求之不得」的大主顧光臨，一定刻意討好。不但東西做得精，而且價錢壓得低，希望把以後的生意搶過去。

周老闆這一「試」，不就可能從此「換碼頭」嗎？

留住老主顧，不給周老闆接觸別人的機會，才是莊老闆的「最高考慮」。

*

由以上兩個例子，你必須知道——

當你不會用人的時候，不但是用錯了人，而且會失去人。失去的那人，更可能成為你的敵人。

當你讓下面人搶位子的時候，他不但搶到自己的位子，而且可能搶到你身邊的位子。

進一步，他可以搶你的位子。退一步，他可能擋住你的視線，使你看不清周遭的情況。

*

看不清周遭是最危險的。當你總是跟某人合作，而不隨時出去了解市場和比價時，你很可能有一天發現，這老朋友算你的價錢，比別人都貴。

不是他漲了，是別人跌了。他卻因為你總是「照以前的方式」，而沒有主動通知你降價。

更糟的是，當你不去要求他，他也全在伺候你的時候，因為缺乏跟外界的接觸，少了競爭的機會，「你們」很可能一起老化、一起落伍。

此外，商人多半知道莊老闆那種「吃不下，含在嘴裡也好」的道理。當你不夠靈活、不去監督的時候，他們就吃定你、綁定你，甚至在必要時？犧牲你！

而且使你明明被犧牲了，還覺得他夠朋友。

談到「夠朋友」，讓我們看看「更夠朋友」的故事。

全靠老同學

「這種約，我不能簽！」小慶把約推了回去：「一年半完工，根本不可能嘛！單單打地基，就得多少時間？」

「喂！喂！」老李往椅子上一靠、手一攤：「你這是怎麼回事啊？老朋友好不容易幫你攬個大買賣，你還……」

「你要是夠朋友，就應該把時間定長一點，你明明知道我不可能做得完嘛！」

哈哈哈，老李笑了起來，繞過桌子，坐在桌沿上，指了指約：「要是照你說，定他個兩年半，還輪得到你嗎？早不知道有多少人來搶了。」突然湊到小慶耳邊：「告訴你，這叫『立法從嚴，執法從寬』。你想想！這事由誰管？當然我管，到時候你做不完，我打個報告上去，誰都看得出來，不可能完工，上面還會有異議嗎？你呀，放心好了！全包在老同學身上。」

小慶想了想，又抬頭瞧瞧老同學，看到一雙十分誠懇的目光。深深吸口氣，把約拿過來，簽了。

*

簽約第二天，小慶的公司就動了起來。雖然有老同學護航，能快還是得快。只是地基才打一半，就下起傾盆大雨。

今年的梅雨來得特別早，又特別長。連著兩個月，沒見幾天太陽。

這當中，老李也來看過兩次，一面跟小慶苦笑，一面點頭：「你放心，只要盡力，包在我身上。」

*

轉眼就是一年三個月了，由於日夜趕工，把梅雨延誤的進度全趕回來了。

「你真不簡單，做得真快。」每次老李來看，都要誇小慶幾句：「照這樣，可以準時驗收了。」

「準時驗收？」小慶跳了起來：「不要開玩笑哦！你明明知道不可能嘛！」

「那當然！那當然！多困難，我都會壓著。」老李低頭踱著步子：「你知道，我已經開始幫你說好話了嗎？」

「謝謝！謝謝！」

＊

只是才隔兩天，就接到老李公司的電話，問哪一天可以驗收。

「這個我已經向李科長報告過了！」小慶婉轉地說：「進度都在掌握當中。」

「要我問李科長？」對方不太高興：「我正在問你，照約，是哪一天完工？」

「這個、這個……」

「不要這個、這個的。現在是講法的時代，我們什麼都照約來，好吧？反正約上也寫得清清楚楚，逾期未完工要怎麼罰。」

小慶立刻打電話給老李，找不到。晚上又撥去老李家，對面傳來一片麻將聲。

「你打來，正好！」老李小聲說：「長官正在我這兒，你等等，我換個電話，撥給你。」跟著打過來，還是神祕兮兮地：「我這陣子，正在給你四處打點呢！你要知道，現在情況不一樣了，什麼都講法，不講情。拿著白紙黑字，非要照章辦事不可。」

小慶急了：「這怎麼辦呢？我當初就說嘛！不能簽，那約根本不合理，現在如果真照約來，我就完了。」發覺自己語氣不對，趕快改個調子：「拜託！拜託！你可別見死不救哇！如果有什麼該意思、意思的，你儘管交代……」

＊

從這天起，小慶白天往工地跑，晚上往老李家跑，中間還得往銀行跑。幸虧老李，真夠朋友。據說他為了小慶，上上下下全磕了頭。總算拖到完工，一文錢也沒罰。

想一想

跟前面幾個故事一樣，這也是「搶位子」。由老李建議小慶，先把生意拿下來，約簽好之後，再談別的。好比那修屋頂的大漢，先把瓦拆掉，再說下面木板朽了。

但是，當你細看，就會發現，小慶搶的位子是大不同的。前面許多故事的承包商，是搶下位子，吃定別人；小慶則是因為搶下位子，而被對方吃定。

想想！小慶真的沒被罰嗎？

只怕還是被罰了吧！沒明著罰，也暗著罰。

這中間的關鍵是什麼？

是「情與法」！

*

情與法的關係非常微妙。法看來是硬的，情看起來是軟的。但法是人定的，也由人去執行。執行的人有情，這法就有了彈性。

更進一步說，當法愈嚴苛，愈不合人情的時候，那執行的人，就可能變得愈重要。

古時候，堂上老爺說：

「給我打！一百大板！」

話固然從老爺嘴裡說出來，這處罰也很可能根據了「法」，但那「打的人」，畢竟不是老爺。

於是，一百大板可以「打死」，也可以「打活」。

據說那高明的衙役，能高高舉起、快快落下，卻只打得表皮受傷，完全不傷內臟。

當然，他也能看來一樣打，不用五十大板，就叫你見閻王。

這衙役的權力有多大啊！你能得罪他嗎？

*

不知你有沒有聽說，日據時代，抓到慣竊，是會剁手的。

但也因為這過重的處罰，有些人明明被偷，又知道是誰偷的，卻不去告發。因為他有一念之仁，不願見「那人」一輩子殘障。

當然，慣竊的家人，也可能私下解決——用錢買下一隻手。

老李到後來，能呼風喚雨的道理不也一樣嗎？

*

法，一定要合理。不合理的法要修，而不能用「人情的執法從寬」來補償。因為在這執法從寬中，不但不能真正地「執法」，而且造成許多弊端。

同樣的道理，如果你發現別人要你簽不合理或你辦不到的約，你必須知道，從簽約的那一刻，除非你夠大、夠硬，否則每一個攪局的小鬼，都可能修理你。

情與法的不夠分明，是我們社會的通病。

許多人在這當中得了好處，許多人被這樣吃死。

記住！

你可以要求修法，不可以故意違法。只有當「法」能公正、合理的時候，執法才會嚴明、弊端才會減少。

第十八章　情勢比人強

對付小偷，
咳嗽常比菜刀好。

當法律放假的時候

「那個女人沒戴胸罩耶！」珍妮在保羅耳邊大聲喊著。

「有什麼稀奇，你看看裡面的那個。」保羅指著一個大鳳梨樣子的花車，喊了回來：「三點全露！」

「奇怪？警察為什麼不取締呢？」

「警察也參加了遊行，只怕裡面有些打扮成海盜的，就是警察。」

起初新聞報導，說今天的遊行隊伍有三英里長。可是一路看下來，只怕六英里也不止。因為每輛花車後面都擠進一批狂歡客，一個個再不然打扮得花枝招展、奇形怪狀，再不然頭上掛一大堆東西，身上穿得卻少之又少。

還有些人，戴著氣球做的假奶，纏著透明塑膠做的衣服。或腳鐐手銬，外面還罩個鐵籠子。

總之，這個嘉年華會的遊行，不但從世界各地趕來許多觀光客，而且每個觀光客，都成了被觀光的「遊行者」。

「這是法律假期，無法無天。」珍妮又喊。

「應該說是自由日，大家快快樂樂地狂歡！」保羅拉著珍妮：「來！我們也參加。」

＊

珍妮戴了一副綴滿亮片和羽毛的眼罩，保羅脫去上衣，又去別人身上「揩」來一些油彩，塗在胸口。

在這個狂歡節上，從別人身上揩油，不但可以，還是一種親熱的表現。那被揩油的男生，居然還抱著保羅狠狠地吻了兩下。

遊行隊伍到達終點之後，就各自散開了。一輛輛花車停在小巷外，車裡跳下一群群瘋狂的人，衝進小酒吧買酒，再跑到街上，繼續唱歌跳舞。

珍妮和保羅手拉著手，再拉著旁邊一群不相識的人，一起叫、跳。

對面來了一對像日本人的觀光客，男的打著領帶，女的穿著洋裝。

「太殺風景了！」隊伍裡有人過去，掏出小刀，一刀就割斷了男人的領帶。

日本人嚇得臉色發白地大叫。

大家則又跳又喊地笑成一團。還有個肉彈女人，過去抱著那日本男人猛親，親得一臉口紅印。

大家笑得更放肆了。

突然保羅覺得身上有點怪，低頭看，一隻手正伸進自己的褲子口袋。趕緊拍了那手一下，一雙泛著血絲的眼神，尖聲笑著跳開來。

珍妮那邊也出了狀況，身旁一個人，一面摟珍妮，另一隻手則偷偷開珍妮的皮包。保羅正要過去攔，後面突然又撲上幾個人，包括剛才一刀割下日本人領帶的那個。

「買酒啊！」有人高聲叫著，指了指後面。保羅回頭看，不遠處有個酒吧。除此之外，前前後後居然沒一家商店了。

黑漆漆的，已經到了小城的邊緣。

「買酒！買酒！」保羅拉著珍妮，也拉著旁邊的人，一起轉身往酒吧衝。又有人掏出保羅的皮夾子，拿走了錢，再把皮夾塞回保羅的口袋，發出尖聲怪笑。

珍妮的皮包也被扯走了。

「不要跟他爭，讓他拿。」保羅對珍妮喊。

皮包又被扔了回來。

一群人衝進酒吧。

保羅和珍妮飛快地衝向外面的大街，看見路邊躺著一個滿臉鮮血的男人，旁邊，一個女人在哭。是那對日本觀光客。

想一想

看完這個故事，你覺得保羅笨不笨？

你可以說他笨。因為他笨到跟著一群不相識的人，進入一個偏僻的小巷。

你也可以說他不笨。因為他知道在「那種情況」下，喊抓賊是沒用的。如果硬要抵抗，只可能吃虧，甚至送命。

所以，他很識相地順著大家，讓那些傢伙「拿」走錢，留下皮夾和皮包，也留下保羅和珍妮的生命。

許多人，在人生地不熟的情況下，只因缺少這分機智，為保住「身外之物」而抵抗，結果造成悲劇。

不錯！東西是你的，他憑什麼搶？你當然可以反抗。

但你也要知道，當東西是你的，群眾是他的，而你勢單力孤的時候，東西也可以變成他的。

孔子說「危邦不入、亂邦不居」，「邦無道，危行言孫」，就是這個道理。

當你不小心進入「危邦」或「亂邦」，就必須認清情勢，明哲保身地想辦法「全身而退」。再在全身而退之後，想辦法「平反」。

＊

據說東晉大畫家顧愷之，曾經把一大箱最好的作品，寄放在當時專擅朝政的桓玄家裡，為了保險，還在上面貼了封條。

沒想到，過不久，當顧愷之拿回那箱畫的時候，封條沒破，畫卻全不見了。

你知道顧愷之怎麼樣？

他沒有咳聲嘆氣，更沒有責怪桓玄，反而裝作十分高興地說：

「我知道了，因為畫得太好，如同人能夠羽化登仙，這些畫也通靈不見了。」

＊

相似的事情，也發生在近代大畫家黃君璧先生的身上。

黃大師曾在抗戰時期，把一大箱最珍貴的收藏，交給一位軍政大員保管，但是當他取回的時候，裡面的骨董字畫，全變成了英文雜誌。

黃大師親口對我說：

「我沒多說話，自認倒楣。那位大員倒也有點不安，後來送了我好些印章，還為我安排了幾個畫展，倒也讓我賺了幾十條黃金。」

請問，顧愷之和黃君璧先生的畫，真是「通靈飛去」了嗎？還是「被吃」了？

他們難道不知道？

但是，在那個時代，在人家的槍桿子下。知道，又有什麼用？

記住！不要在必輸的情況下逞英雄，也不必在無理的環境中講理。

否則，你就永遠沒有講理的機會了。

請看下一個故事。

扒手請上鉤

「有扒手！」小菁摸著胸前空空的口袋叫了起來：「我的皮夾子又不見了。」

前兩個月才被扒走兩千多塊，挨了媽媽一頓罵，幸虧爸爸擋著，還送了個新的皮夾子，偷偷塞進一千塊，不然小菁連吃中飯的錢都沒了。

更糟糕的是，那些證件——身分證、學生證全掉了。

聽說有人專偷女學生的證件，換個照片拿去給「那種女人」用，騙說自己是學生。想到這點，小菁就打個寒噤。要是有一天，那「女人」被抓了，搜出證件，報上登出自己的名字，怎麼辦？就算警察來調查，也丟人哪！

＊

小菁哭了一夜，又氣了一天，決定好好整整這個混蛋扒手。

她又買了一個皮夾子，還放進滿滿的東西。

「我就讓你認為裡面有錢，有證件。」小菁狠狠地想：「我就讓你偷！你不是得手兩次了嗎？看你這次還能不能扒到！」

小菁的戰略是在皮夾子上打個洞，穿進一根繩子，再在口袋裡釘個別針，把繩子綁在上面。

＊

一個月、兩個月過去，全都平安無事。倒是每次同學看她掏出皮夾子，上面連根繩子，覺得很有意思。

「一隻皮夾狗，牽在胸口。」有同學說。

小菁則接下去：「只要扒手來，一定上鉤。」

這一天，下著傾盆大雨，車子裡人擠人，都快冒煙了。

突然到站緊急煞車，小菁覺得胸前一緊，又一鬆。低頭看，皮夾子不見了，一根繩子伸出去，正抓在一個男人的手上。

「幹！」那男人咬著牙，瞪著小菁，突然狠狠一扯，撕一聲，小菁的上衣就裂開了。

小菁掩著胸部驚叫了起來，接著碰一聲，那扒手跳下車。大家的眼睛全盯在小菁身上，居然沒人看清扒手的樣子。

想一想

小菁聰不聰明？

當然聰明，不然她怎麼能釣到那扒手？

當然也不聰明，想想，今天在車上，扒手不敢對她怎麼樣，只是扯破了她的衣服。如果換個地方，人少，扒手老羞成怒，是不是可能傷害小菁？

*

我們要知道，賊也是人，也有自尊。他可以失風被捕，只怪自己「手藝」差。但是，當他發現上了你的當時，是他鬥智輸給你，他的面子就掛不住了。

你愈是弱小，贏了他，他愈覺得丟人，也愈可能對你不利。

所以，聰明人除非有萬全的準備，即使發現了賊，也要按兵不動，甚至我故意咳嗽兩聲，留一條路給賊出去，再看準了他，以後動手。

《孫子兵法》上說「圍師必闕」就是這個道理。當你把敵人圍住的時候，與其讓他做「困獸之鬥」，跟你正面拚命，不如留個缺口，讓他由那裡逃跑。在他落荒而逃的時候，從後面追擊。

想想！是正面與你拚命的敵人容易對付，還是正在逃跑的「背面露出來」的敵人容易對付？

當然是後者！

於是，你忍一時，彷彿為他留條生路，反而能自己不傷一卒，把他殲滅。

＊

相反地，你也要知道——

如果有一天，你與別人爭鬥，人家故意閃開，可能正是等你把弱點露得更大些，好將你澈底摧毀。

那看來像「一念之仁」的，其實是「百謀之毒」。

所以，即使你在逃的時候，也應該有組織、有戒備地，以面對敵人的姿態離開。

請看下一個相關的故事。

何必逼人太甚

陳教授才進場，王主編就衝了過去：

「太好了！太好了！我一直在等您的稿子。」

「糟糕！」陳教授一拍腦袋：「抱歉！抱歉！我留在桌上，忘記帶了。」又拍拍王主編肩膀：「明天，明天上午，你派人來拿，好吧？」

「沒關係！」王主編一笑：「也不必等明天，我等會兒開車送您回去，順便拿。」

陳教授一怔，也笑笑：「可惜我等會兒不直接回家，還是明天吧！」

*

座談會結束了，送走了學者、專家，又叮囑下面人收拾會場，王主編到停車場開車回家。才轉過街角，就見陳教授和賀律師在等計程車，大概車少，一直等到現在。

「到哪兒去呀？」王主編搖下車窗問。

「陪陳教授回家。」賀律師說。

「我送二位。」王主編立刻跳下車，打開車門。

陳教授猶豫，賀律師倒不客氣，一把將陳教授推進後座，自己上了前座。

一邊開車，王主編一邊回頭笑：「太好了！太好了！我順便拿稿子。」

「我家巷子小，尤其這假日，停滿車，不容易進去。」陳教授拍拍王主編：「您還是把我們放在巷口，我明天上午叫女兒把稿子給您送去，她也順路。」

「欸！我現在不是更順路嗎？」王主編硬是轉進小巷子，一點、一點往裡擠，開到陳教授的門口。

「我還得找耶！這巷子不好停車。」陳教授說。

「沒問題，您不是說就在桌上嗎？」正說著，後面已經有車子按喇叭。

「您還是別等了吧！」陳教授拍著車窗：「告訴您實話，我還沒寫完呢……」

想一想

我們常批評人「不識相」。

「不識相」就是不懂得看面子，別人給臉的時候不要臉；別人給臺階的時候，又不順著臺階下。

同樣地，當別人要臉、要臺階的時候，你不給他，也是「不識相」，因為你造成彼此的尷尬——

當別人說笑話時，你因為早聽過，於是半路洩他的底。

當別人變魔術時，你看出馬腳，於是半路拆穿他。

當別人在高速公路上錯過出口，故意說「我為了避開剛才那個擁擠的出口，所以繞一點路」時，你說「我看剛才一輛車也沒有」。

凡此，都是不識相。

*

前面故事中，當陳教授再三找藉口推辭，又答應第二天交稿子的時候，王主編就不應該繼續追。即使送陳教授回家，也該識相地，送到巷口為止。

搞不好，陳教授根本忘了寫，你既然沒法立刻逼出來，不是存心拆穿陳教授「忘在桌上」的託詞，明著指他說謊嗎？

要知道，每個「吹牛」都是一種謊言，每個魔術都是一種騙術；每個託詞，都是一種謊話。

這些謊騙，多半沒有惡意，而是為了表現、為了面子。你何必去拆穿呢？

他知道你有數，卻不去拆穿，一定心存感激。相反地，他希望找個藉口開脫，你硬是擋著不讓，他也一定加倍恨你。

*

成長，使人能看透謊言，看穿騙局。

成熟，也使人能知道什麼時候不拆穿謊言，什麼時候不拆穿騙局。

如同用兵，你只是留個缺口。

你可以追殺他，使他全部落網；也可以放他走，讓他感激你，成為未來的朋友。

避免正面的衝突，是處世的重要技巧。

第十九章 小不忍則亂大謀

放老鼠夾的時候別吭氣，
夾到老鼠之後再叫好。

第五縱隊成軍記

「把門帶上！」總經理指了指門，又指了指椅子：「你坐！」

小葛的心開始狂跳，沒有任何跡象，自己又做得很好，不會有什麼不幸的事要發生吧？可是，總經理為什麼這麼嚴肅的樣子呢？想起剛才離開辦公室的時候，祕書王小姐也用很奇怪的眼神盯著自己。

「是啊！如果不是有什麼大事，總經理怎麼會突然叫我上來呢？」

正想著，總經理清了清喉嚨，開始說話了：

「你有沒有注意到，最近公司十樓，正在重新裝修？」

「是的！是的！」

「因為公司要成立一個新的研究發展部門，表面看，跟你現在負責的部門平行，實際要高一層，甚至可以說，在未來可能成為決策單位。」

「是的！是的！」

「也可以說這個單位要直接對我負責，也直接由我管。」總經理站起身，看著窗外：「我一直沒對外說，連董事長都沒講。」突然轉身，眼睛射出兩道光：「我覺得你不錯，信得過，打算把你調過去負責。也可以說，以後你就是我的耳目，你要把一切公司的狀況匯集了，向我報告。我想，你了解我的意思，在我下達人事命令之前，不能對任何人說，連我的祕書都不知道。更甭說我太太了，她如果告訴董事長，就輪不到你了。」

「是的！是的！」

小葛臨出門，總經理還用食指在嘴上比了個手勢。

*

「這下子，我成紅人了！」電梯往下降，小葛的心卻往上升。想想總經理身邊，全是他太太娘家的人，現在「開始有好戲看了」。

「而這好戲的主角之一，竟是我！」小葛笑了起來。

不過進自己辦公室時，小葛還是把臉板下。王祕書雖然追著問，小葛也只搖搖頭。

當天下班，他沒走，清了清抽屜，把不用的東西全扔了。連那個廠商送的「不上路」的桌曆也扔了。

「笑話！在那個大辦公室裡，怎麼能擺這種屁東西？」

提到大辦公室，小葛的心跳又加快了。看辦公室人都走光了，溜進電梯，直按十樓。

十樓還是燈火通明，幾個工人正在油漆，總務室姜主任也在場。

「大興土木，要做什麼用啊？」小葛故意問。

「不知道！總經理交代的。」姜主任攤攤手，又一笑：「您該知道吧？聽說今天他找您上去過？」

小葛心一驚，忙說：「沒什麼大事！」就匆匆下樓了。

*

第二天，一早就把王祕書叫來訓了一頓。

「是不是你說的？為什麼連姜主任都知道總經理找我？」

「姜主任？」祕書楞了一下。

「總務室姜主任！」小葛沉聲說：「昨天他在十樓問我。」

「十樓？」

「不要提了！」小葛把祕書趕出去，又叫了進來：「記住！什麼人問，都不要說，就說你不知道。你如果想跟著我，就嘴緊一點，吃不了虧！」

大概為了表現，王祕書下班也沒走，先幫小董複印幾份重要的文件，又收拾了自己的抽屜。

「你收拾東西幹什麼？」小葛經過時，笑嘻嘻地問。

「您不是也收拾東西嗎？」王祕書歪著頭笑笑。小葛第一次發覺，這個近四十的女人，居然還有點媚。

「要不要到十樓看看？」小葛指指上面。

「好哇！」王祕書高興地跳了起來。

電梯在十樓停下，門打開，嚇一跳，正碰見董事長，笑呵呵地進來，後面跟著總經理，還有總經理夫人。直喊：「爸爸慢走！爸爸慢走！」

*

又隔一個禮拜，小葛的「資料」已經準備齊全了，他知道這些報表，都是將來分析的利器，他要好好為總經理，爭一片江山。

果然，人事命令發布了——

公司新成立研究發展部，由原業務部方經理接任，即日起生效。

想一想

小葛為什麼空歡喜一場？是誰破壞了他的「好事」？

當然是董事長！

董事長原來不是不知道嗎？是誰走漏了風聲？

小葛沒說、王祕書沒說，總經理更不會說，是誰說的呢？

世上的情形就這麼妙。你會發現人們似乎有一種特殊的第六感，把那些蛛絲馬跡設法聯想在一起，開始猜、開始問，並且由對方的反應中歸納，最後得到結論。

所以，你再細看看前面的故事，就會發現，小葛確實什麼都沒說，但也用行動說了。他幹麼收拾東西？又何必上十樓？非但自己收拾，祕書也收拾，還帶著祕書一起上樓。就算董事長沒由姜主任那裡聽說，而出面阻止，只怕總經理看到這種情形，也不會再用小葛。一個急躁的人，怎麼可能成大事呢？

＊

你會發現，人事案最忌提前走漏，有時候政府已經決定了，第二天打算發表，只因為今天被記者打聽到，上了報，這案子就突然被壓下，或是半路殺出個程咬金，換了人！

你或許會想：這主事者的心胸不是太小了嗎？

其實他不是心胸小，這當中的原因可大了，即使有一天你成為「主事者」，你也會這麼做。

為什麼？

為了避免困擾！

想想，如果你知道有個自己覬覦已久的職位將發表，而傳言中的人選不是你。你會不會盡一切力量去爭取？

你會怎麼爭取？

你會託有力人士關說、你會攻擊對手的弱點、你會以職務「要挾」、你會想辦法行賄……天哪！這一串行動，哪一樣不造成對公司的傷害？

＊

如果你託「有力人士」出面，別人也託「當道大老」關說。而這「有力人士」又跟「當道大老」本來就水火不容，偏偏兩個人又都是你長官得罪不起的。

他怎麼辦？

升了你，他得罪人；升了對方，他也得罪人。搞不好，為了這樣一個小小的升遷，搞得他自己反而職位不保。

他犯得著嗎？

結果你可能發現，爭了半天，誰也沒爭到，最後反而便宜了一個不知從哪裡冒出來的人。

再不然，這個職位就凍結了，懸在那兒，不再發布。

從另一個角度想，你除了進一步爭取職位，是不是也可能退一步想：「你若不給我升，我就不幹了。」

＊

如果你不幹，你會乖乖走路嗎？

還是把過去不敢說的全說了、不敢罵的全罵了？而且你不幹，八成是跳槽。你可不可能把公司的資料偷走，由一個「戰友」，變成「敵人」？

你的長官能早早讓你知道「升官的不是你」，而使你有時間造反嗎？

於是你會發現，他們可能採取三種作法。

第一、他們覺得你沒有殺傷力，你的反應也沒讓他們受到威脅，於是你的職位不變。

第二、升官的不是你，但你的職位也做了調動，把你調離原來熟悉的環境。如同皇帝，把情緒不太穩的將軍，調到陌生的部隊。

第三、你早上進辦公室，發現一封信、一個大大的空紙箱，放在桌上。

今天，你就捲鋪蓋，走路！

你的電腦，立刻「進不去」了；你的通行證，立刻不能用了。

說得好聽，你成了公司的客人；說得難聽，你成為公司的假想敵。

＊

小到一般機構的人事調動，大到國家之間也是如此啊！

如果你是一國的領袖，當某國要跟你斷交，而去和你敵對的一方建交時，他能早早告訴你，再過多少天，要和你斷交嗎？

你能不利用各種國際關係、商業關係，設法挽回？

就算你不這樣做，你那激烈愛國、義憤填膺的民眾，能不往他大使館裡扔雞蛋、砸石頭嗎？

所以，你可能半夜被對方大使叫醒，說「對不起！明天這邊不再升旗，而在那邊升旗了！」

跟著，在你還沒反應過來時，他已經飛了！

＊

多殘酷啊！只是沒辦法，為了減少阻力和「對彼此的傷害」，他不得不這麼做。換成你，你難道不會這麼做嗎？

現在，你就更可以了解，為什麼無論人事、政策、成交、邦交的消息，都不能提早走漏。而明明第二天就會發生的事，當事人還故作驚訝地說：

「不要胡說！完全不可能！」

你也必須由前面的故事和論述中，得到教訓——

即使你百分之百確定，也不能在言談或任何行動上表現出來，連「掩不住的喜色」都不可有。否則，你就可能空歡喜一場。

相對地，如果你是得到消息的那個「關鍵人物」，你也最好別說。因為當你「愛現」的時候，也可能給自己找了大麻煩。

為什麼？

請看下一個故事！

通神的小尢

剛進會議中心的大廳，局長就狠狠拍了一下大腿：

「糟了！那份報表沒帶，都怪我昨天把它拿回家看，忘在桌上了。」抬頭看看身邊一群部屬，小尢最不重要，就指指小尢：「你幫個忙，坐老陳的車子到我家。我太太知道是哪份東西，趕快把它拿到，溜進來開會，再把東西傳給我。」

老陳連紅綠燈都不管了，十分鐘之後，就把小尢送到局長公館。

天哪！小尢真是開了眼，客廳大得可以打羽毛球了。正看得發呆，就聽局長夫人在裡面喊：

「你進來看看，是不是這一份？」

跟著聲音進去，是個特大的書房，桌上攤滿了文件，夫人指著其中一份：

「你看看！對不對？」

小尢翻了兩頁，又看看旁邊另一份：「這份才對！」

「好！我給你找個信封，別散了！」夫人蹲身到下面的櫃子找了個信封，交給小尢。小尤就衝出門去。

＊

會議已經開始了，幸虧小尤的職位最低，坐在最後面，偷偷坐下，把信封交給組長、科長，一路傳到局長手裡。

多險哪！就在這一秒鐘，輪到局長上去報告。

會議結束，局長居然繞到小尤身邊，拍了拍小尤肩膀：

「不錯！不錯！」

＊

這個「不錯」，馬上傳遍了公司。

局長居然特別拍拍小尤肩膀，話傳來傳去，後來竟成為：「局長摟了小尤。」「真沒想到，小尤居然偷偷成為局長的紅人了。」

甚至有人猜：「小尤根本就是局長的眼線。」

＊

消息還真確實，因為小尤證明了這一點。

「聽說您最近要有好消息！」有一天，小尤對謝副主任說。

隔天，謝副主任就升了官。

這還不打緊，有同事結婚，小尤在喜筵上，到趙副處長桌上敬酒，特別對趙副處長擠了擠眼：「恭喜！恭喜！」

「恭喜？」趙副處長一怔：「又不是我結婚。」

「反正恭喜就是了！」小尤又擠了擠眼。

當時立刻有人反應，舉杯敬趙副處長：「小尤說的不會錯，對不對？」

「是啊！是啊！想想小尤是什麼人嘛！」孟小姐笑著起鬨。

果然，第三天趙副處長也升了官。

＊

小尤「關愛的眼神」，真是太重要了。以前沒人把小尤當回事，現在電梯裡碰上，無不打躬作揖：「拜託老弟了！多提拔、多美言兩句。」

小尤果然又關愛了，隔著電梯裡一群人，硬是伸手過去，跟梁主任握了握手。

據說梁主任當天晚上就請了客，想也知道，輪到梁主任升官了。

只是，日子一天天過去，明明該是梁主任升上去的位子，居然由別處的丁主任接手。

「看樣子，我是白送禮了。」許多人心裡暗想：「這小尤也不見得靈光。」

可不是嗎？他何止不靈光，連自己的位子都不保。先被局長叫去談話，跟著就走路了。

據說局長夫人，還為此，被局長臭罵了一頓呢！

想一想

這是個相當弔詭的故事。

你可以猜小尤因為搭上局長夫人的關係，偷偷拍馬屁、走內線，所以能得到那些消息。

你更可以從字裡行間去找，發現小尤在局長桌子上，翻了不只一份文件。也可能趁局長夫人彎身找信封的時候，再偷看一些。於是藉這偷得的消息，建立「神通」的形象。

當然，進一步，他得到了好處。

*

要知道，小至閭巷間的三姑六婆，大到國際間的遊說政客，他們所賴以「呼風喚雨」的，常只是像小尤一樣，偷偷得到的一點「小道消息」。

就因為這點小道消息，人們會猜他一定有不尋常的關係。消息靈通人士，自然是最接近消息的人；而最接近消息的人，也可能是最能影響消息的人。對於一點也摸不著門路，急得像熱鍋螞蟻的人，這消息靈通人士，自然成為他最要巴結的對象。

於是，消息靈通的這個人，成為受惠者。更糟的是，他受了惠，又不能什麼都不做，難免繼續製造些假消息，或做出些小動作。結果，可能造成大禍害。

你說，你能走漏一點消息給他嗎？

*

有位法官對我說：

「這年頭啊！在外面，連手都不能隨便握、招呼都不能隨便打了。」

看我不懂，他笑笑：

「你要知道，有些司法黃牛，可能帶著被告的家屬，等在你常出現的地方。然後，他會過來跟你打個招呼，甚至故作親熱地拍拍肩膀。如果你一時沒會過意，又確實跟他有過一面之緣，而寒暄了幾句，麻煩就大了！他可能回頭就對躲在一邊的被告家屬說：『你看吧！這主審法官是我老朋友。我剛才已經暗示過了，最近找個時間，去他家聊聊。』」

你明明見到法官跟他握手寒暄，你能不猜想「他確實有幾分通天的本領」嗎？

然後，他什麼也沒做，只是隔兩天就緊張兮兮地跑來對你說：「我談過了，好像不太妙，會判得很重。」

於是你求他。他還裝作為難的樣子：「讓我試試看吧！」

當他要你「打點」，你能不乖乖奉上嗎？

結果，他什麼都不用做，只是在家睡大頭覺。判下來，若是無期徒刑，他會說原來是死刑，幸虧託了人；判下來，若是十年，他會說原來最少十五年。

請問，你是不是被吃了，還要謝他？

即使判了死刑，他搖頭嘆氣，說已盡了全力。

你又能拿他怎麼樣？

從頭到尾，法官根本沒接過他一點好處啊！

*

因此，如果你是小民，要知道那些自吹「有內線」的人，常是假的。你託他，不但可能吃虧，還可能把事情弄得更糟。

如果你是當權的長官，更要知道，每個在你身邊打聽消息的人，一轉身，就可以把小消息擴大，然後成為「買辦」，獲得利益，甚至使你背上黑鍋。

當然，在這世界上，哪個角落都有真通天的人。愈是「人治」的國家，這種人愈多；愈是「法治」的國家，這種人愈少。但即使在最法治的國家，消息的提早走漏，還是可能造成意想不到的結果。

請「享用」下一個故事。

臨門被他踢一腳

黃主席上次選得很苦，這次競選連任，就算廠長暗地支持，只怕也不容易。誰會選一個跟資方那麼密切的人，來做工會的主席呢？

但是自從今天一早，廠長把他偷偷叫去，說了那幾句話，黃主席就心安了。

有什麼比這消息，更能讓他吃定心丸？

三年前，他在競選時，要求興建的員工休閒中心，終於有眉目了。

「廠長多厲害啊！偷偷地進行，再在競選的時候發布，成為我爭取的『政績』，我還能不高票連任嗎？」黃主席對幾個親近的幕僚說。但是跟著想到廠長嚴肅的表情，趕快收起笑容：「絕不能對外講！還要過兩個禮拜，才能宣布。」

＊

只是，怎麼才隔兩天，那死對頭的老曹，就號召了他的一批人，舉著布條，抗議休閒中心還不成立呢？

「你看！老曹還裝模作樣地衝去廠長辦公室，他怎不想想，這是我黃某人三年前就提出的，馬上就要美夢成真了。」黃主席暗罵，可是又一想：「不對！如果現在再宣布成立休閒中心，豈不是被老曹搶了功勞。」

趕快衝去廠長辦公室：

「廠長！您還是把這個案子先擱下吧……」

話還沒說完，聽見外面放鞭炮。

「誰讓你走漏風聲？到這個節骨眼，我能說不嗎？」廠長沉聲罵道，接著了出去。

外面早有幾個老曹的人等著、簇擁著廠長站到三樓陽台，對著下面上千位員工揮手。

「謝謝廠長，同意了我們的要求！馬上設立員工休閒中心。」老曹的聲音，從擴音器裡傳出，接著一片歡呼和口號：

「黃主席！差、差、差！三年辦不到。」

「曹主席！棒、棒、棒！一次就成功！」

想一想

看完這個故事，你一定覺得黃主席比較差，對不對？

廠長明明叫他不要說，他偏偏說出去。既然他都漏了口風，下面的人，又怎麼保險？於是，明明廠長原來打算為他「作多」，反而被敵對的一方利用了。

*

但是，就更高一個層次想，我要說：真正做錯的，是廠長。他雖然想拉攏這位跟他還滿能配合的黃主席，而先透露這個消息。可是，就算透露，又何必這麼早說？既然說出來，又何必壓著不發布？

如果他上午說，中午就發布，別人又可能「殺進來」嗎？

話說回來，他就算完全不對黃主席說，而逕自等到競選時發布，黃主席不是一樣受惠嗎？

人都有這個毛病——心裡藏不住話，尤其當自己對別人有恩的時候，更巴不得對方早早知道。許多人事、生意的消息，都是這樣提早曝光，結果壞了大事，或被別人搶了功勞。

前面這個故事，所說的就是「搶功」。

三個將軍一起去打一場仗，贏了！三個人可能搶著傳捷報。因為給人的印象，最先報捷的人，就是最先打勝的。起碼，「這個」最先傳來好消息的人，大家對他的印象最好、也最深刻。

政府如果私下策畫一件事（因為某種原因，一直處於保密狀態），譬如偷偷發展某種武器、採購某種裝備、設立某種工業區。偏偏在快成的時候，就有民意代表大聲疾呼，應該如何、如何做。所說的正是政府經營多時的東西。

你說，政府做是不做？

做了，大家會像前面工會事件一樣，說：

「你看吧！政府是不點不亮，一點就亮，幸虧某人提出，政府趕快照辦了。」

相反的，如果政府為了不「抬轎子」，而把計畫壓下了。

一方面使過去私下的努力泡了湯，一方面變成「該做的不做」。

這政府不是進也不對、退也不對嗎？

*

當然，到了私人機構，情況就可能不同了。

如果你是老闆，覺得員工福利該調整，正打算過兩天宣布。

突然有員工集體請願，希望改進福利，而那要求的，正是你計畫宣布的。

你做？還是不做？你是不是還照原來的計畫，過兩天宣布呢？

如果你宣布，員工會想：

「這老闆欺軟怕硬，所以今後都要來硬的。」

他們會相信你，早就計畫這麼做了嗎？

於是：你原來的好心，成為被「逼」出來的結果。沒有人感激你。

大家只會感激那些斗膽請願的人，而且造成嚴重的「後遺症」，使你整個領導都出了問題。

＊

再問你一次：

「如果你是老闆，會不會就因為他們請願，反而把計畫好的事情，暫時壓下，來顯示『操之在己』，而非『操之在人』呢？」

現在，你就更能了解，為什麼許多政府原來要做的事，有時反而突然壓下。你也更應該知道，如果發現你的公司或長官，已經主動考慮你「心裡希望」卻沒說出的事，你千萬不可躁進。當你以為「開個口」，可能使事情發展得更快時，很可能反而失去將到手的東西。

＊

前面各篇，談的都是「好消息」被走漏，造成「變天」的情況。最後，我要說：

即使你有壞消息，都不可早走漏，否則也要「變天」。
為什麼？請看下一個故事。

走下山頭的時候

「勝利、成功，一定是屬於我們的！」

老魏舉起雙手高呼，群眾也猛拍雙手喝采。然後，趙、錢、孫、李「四大將軍」，一一上臺致謝，再擁著老魏下臺。

小趙送來健怡汽水，小錢送來蘇打餅乾，小孫為老魏把西裝脫下，小李則跑去安排車子。

突然大哥大響，是醫院打來的。

「我不接了，大概是血糖的報告出來了。」老魏揮揮手：「知道高多少，就成了！」

「不是耶！」小趙把電話遞給老魏：「是夫人打來的。」

老魏接過，臉色突然變了。匆匆站起身，往外走：

「我得去醫院，老伴病了。」

「四大將軍」跟著往外跑，小錢囁囁嚅嚅地說：「重不重啊？」

「還好！心臟病，已經沒危險了。」

「那……那……」小李一邊拉車門，一面湊上去，小聲問：「您……您還有西門那場，大家正等著呢！」

「你們去！我不去了！」老魏居然把車門狠狠關上，差點打到小李的鼻子。

＊

「孩子都大了、跑了，剩下老太婆一個人。」在車上，老魏嘆口氣，對司機小謝說。

「您是太累了！」

「人累、心也累……」突然抬頭：「小謝啊！你跟我多少年了？」

「十五年了！」

「真快！」笑笑，伸手過去拍拍肩：「你這小謝，也快變老謝了。」

＊

趕到醫院，老婆正睡。旁邊放了架機器，看到彎彎曲曲的心電圖。

醫生聽說老魏到了，飛快地跑來：「您放心！沒什麼、沒什麼，休息兩天，按時吃藥，就沒問題了。」

老魏搖搖頭，看老伴醒了，摸摸老伴的手。

正好大哥大響，是西門那邊會場打來的，說一切順利。幸虧四大將軍能言善道，把魏夫人的病情，說得危在旦夕，相信不但沒得罪人，還贏得不少同情票，同情這位鶼鰈情深的「好男人」。

老魏真是好男人，最起碼他希望做個顧家的好男人。只是二十多年下來，人在江湖，身不由己，地位愈來愈高，跟他的人也愈來愈多，尤其這兩年，連在家吃飯的機會，都沒了！

*

不過一個鐘頭，四大將軍就趕到醫院，一起彎著腰，在小茶几上吃便當。

「多虧你們了！」老魏過去坐下：「還是你們年輕人行，能吃、能睡。我啊！是愈來愈力不從心了。」

「您怎麼這麼說？」四個人一起叫了起來：「沒您領導，我們什麼都不能做！」

「別這麼說、別這麼說。」老魏搖搖手：「你們這種人才，誰都求之不得。」伸個懶腰：「真覺得老了！」

「老了就是老了！」那邊病床上的魏夫人，也嘆口氣，悠悠地說。又看看老魏：「剛才咱們談的，你不是要說嗎？」

「我還是考慮、考慮……」

＊

當晚，老魏一夜沒睡好。想了很多，想到跟老婆大學談戀愛，跟老秦夫妻一起上阿里山。老秦，天天跟他同台，私下卻好久沒見面了。

撥了個電話過去，老秦助理接的。這小子平常站台，威風八面，連四大將軍都怕跟他對上。現在聽到老魏聲音，居然嚇一跳，直問什麼事。

「叫你老闆說話就是了。」

老秦倒還是老調調，劈頭就問：「你老婆好嗎？聽說昨兒病了，害我等了半天。」

「想找你聊聊……可以……可以，就明兒上午十點。」

跟著又拿起電話，打給小趙：「今天這場，我不去了，你們照昨天的辦吧！」

＊

到醫院陪老婆一天，談了不少，回家反而倒頭就睡，睜眼已經八點了。隨便梳洗兩下，跳上車。

「秦先生家？」小謝一驚。

「你以前不是常去嗎？都是老朋友嘛！」

「是的！是的！」小謝不敢多問，直駛秦公館，居然還早到十五分鐘。

車子轉進巷子，正見一輛熟悉的大凱迪拉克出來。

「這不是小……」小謝叫了起來。

「不要說了！」老魏吼了一聲：「只管開你的車。」

想一想

那車裡坐著誰？

甭問了！

你只要知道，「西瓜靠大邊」，這是人之常情。

每個人都要吃飯、每個人都有家要養、每個人也都要追求他的前途。

當你只是由這一站轉到下一站，由這個山頭轉向那個山頭的時候，你下面的人，只要他忠貞，他當然跟著你。

但是，當有一天，你退休了。請問，有哪個將軍退休之後，還有部隊跟著他呢？

他，是幫你打天下的。這天下，你不打了。他又如何幫你？你又何必再拉著他？

何況當你「金盆洗手」退出江湖，他們卻還是「人在江湖」，可能被你的仇家追殺啊！

所以，如果有一天，你碰到老魏的情況，一定要諒解——因為大家都要為自己的前途著想。

只是當你還沒宣布退出，而發現四周人都已經變節，這明明可以光榮退出的場面，豈不變得很尷尬嗎？

*

於是，你會發現——

那些即使明天要宣布退出競爭的人，他們前一天都可能仍然做出衝鋒的樣子。

然後，突然召開記者會，突然把對手推薦給選民，還可能拉著對手的手，接受記者訪問。

他不是昨天還在攻擊那個對手嗎？

記住：如果你不希望看到下面人見風轉舵、一一離開的場面，就絕對不能早早讓下面的人，感覺到「風向變了」。

他們跟著你，你變了，是你對不起他們，是你令他們失望。在你已經失勢的時候，千萬不要給他們太多反彈的機會。

尤其是，當你在「想繼續」與「不想繼續」的時候，更不可以露出一點「倦勤」的樣子。否則，你非但不能光榮地「主動走下臺」，反而會變成難堪地「被逼下臺」。

這當中，有多大的差距啊！

*

回顧前面的這一章，連我自己都很難相信，居然已經足足寫了一萬三千多字。

但是，我覺得有必要。我認為每個人，無論你是長官或部屬，政客或小民，都應該了解「不成熟的事不可說」的道理。許多人都由於不能做到這一點，不但壞了別人的好事，也壞了自己的好事。

小時候，常聽人說：「如果你放了老鼠夾，千萬別說，因為老鼠聽得懂，聽到就不上當了。」

那絕不會是真的！

但有一件事，我堅信不疑，就是——

當老鼠被夾到，再叫好，總錯不了哇！

第二十章　人性的弱點

導遊拿商店的回扣愈多，
團員看風景的機會愈少。

老趙的鎮館之寶

二十年前，老趙作夢也不會想到，他能從一個整天在銅臭堆裡打滾的生意人，變成瓷器的大收藏家。非但如此，而今還擁有了海內外聞名的博物館。

更令人難以相信的，是這一切居然只由個小東西開始——一個不起眼的小瓷碗。那確實是個不起眼的東西，最起碼老趙二十年前，第一次由白大師手上接過來的時候，覺得遠不如他家的飯碗漂亮。

只見灰灰青青、霧霧濛濛的碗上，爬滿小小的裂紋，碗底還有幾個髒點子。

「別看它不起眼，它可是宋代五大名窯之首『汝窯』的神品。」白大師把那碗在老趙面前轉了轉，老趙伸手要拿，被旁邊的孫老闆擋了下來。

「小心！小心！這可是咱們白大師的寶貝，砸了就是上百萬。」

「上百萬？」這句話倒讓老趙感動了，生意人嘛！東西不認人，錢可認得人。趕快摘下眼鏡，湊前細細端詳：「這麼個飯碗，要上百萬？」

「是啊！多美呀！多潤哪！這叫『香灰胎』，就像燒完的香灰似的。」白大師小心地放回紅木櫃。櫃裡有投光燈，照上去，透亮，老趙不知是不是心理作用，還真覺得有點意思，喃喃地說：「這……這……賣不賣？」

「哈哈哈！」旁邊孫老闆突然大笑起來：「太陽從西邊出來了！老趙居然風雅起來。」又過去摟著白大師的肩膀：「老白！這可真難得，老趙居然開了口，看我面子，你就算捨不得，也得破一次例……」

*

老趙當天晚上居然沒再出去喝酒，雙手捧著錦緞盒子，像奉祖宗牌位似地，把這汝窯的瓷碗捧回家。

「一百萬？」太太先跳了起來：「你發神經啦？」

「這是人家賣面子！白大師是什麼人物，出手一定是真東西，你細瞧瞧，這東西多潤哪！」

太太看了半天，搖搖頭。老趙也搖搖頭：

「只怪你沒藝術細胞，明天我買個漂亮櫃子，放進去，燈一照，你就看得出了。」

第二天，果然買了個七呎高的「明式」骨董櫃。

只是櫃子裡上上下下一共十幾層，就放這麼一只碗，太孤單了。試著擺兩瓶XO進去，怎麼看都不對勁。

第三天，老趙又花一百多萬找白大師買了三件。牌不打、酒不喝、朋友也不扯淡了。老趙兩口子晚上就坐在紅木櫃前面盯著這四個寶貝看。也妙！愈看愈美，一方面有一種「看錢」的豐足感，一方面覺得自己的氣質不凡，連談吐都不一樣了。

從此，老趙成了故宮博物院、歷史博物館和各大骨董店的常客。愈看愈內行、愈看愈會買。東西愈來愈多，家裡的酒櫃都改成了骨董櫃。

老趙更因此交了不少朋友，常「煮酒論古玩」地品評鑑定。更一塊出國，跑香港、紐約的「蘇富比」和「佳士得」拍賣場。

老趙不再被稱為「老趙」而改成了「趙老」，這是大家對他的尊稱。他甚至常舉行專題演講，放幻燈片，為收藏家們解說鑑賞中國瓷器的方法。連他當年做生意的幾個老朋友，看他東西進進出出，比做外貿還發，都常向老趙請教。

*

今天老趙的「文磁軒博物館」開幕，真是冠蓋雲集。

老趙站在台上致謝詞，談到自己當年怎麼與瓷器結緣，也提到白大師，大家一起向剛過世的白大師致敬。

「我要特別給各位看一件東西。」老趙由櫃子裡捧出一隻灰青色的瓷碗：「就是這個汝窯的精品，為我打開了收藏的大門。」

他把碗舉起來，接受大家的掌聲，又小心翼翼地放回櫃子。

一個不識相的商場朋友，腆著啤酒肚，財大氣粗地居然過來拍老趙的肩膀：「喂！那個碗是不錯，賣不賣？」

立刻挨了旁邊老朋友的罵：「那是趙老的鎮館之寶，你少作白日夢了。」

*

晚上，老趙把那件「鎮館之寶」帶回家，放在燈下，左右摩挲了一個多鐘頭。拿起電話，打給下午酒會的那個冒失鬼：

「想想以前，這個碗改變了我半生，讓我戒了酒，戒了賭，甚至維繫了婚姻。今天想想，你什麼都不缺，居然喜歡這個寶貝，就讓善緣結下去吧！也不賺你錢，五百萬，你要不要？」

*

何止收藏界，連商界也震驚了，大家都豎起大拇指，讚美趙老的胸懷。有人引古人的話，說這是「得一善，而不專也。能以善感人、以德化人」。

老趙的犧牲真不小，自從那天晚上，瞞著太太喪心病狂地把「鎮館之寶」脫手，趙太太就一個禮拜沒跟老趙說話，除了狠狠罵一句：

「改天哪！老糊塗得把我都賣了。」

*

這一夜，趙太太又背過身，不理老趙。

老趙翻過來、覆過去，睡不著，突然坐起，拍拍老妻：

「開幕那天，我舉起那瓷碗，突然有種奇怪的感覺。好多年沒拿近看了，帶回家，細看看，發覺當年白大師不老實，他居然拿個幾可亂真的贗品騙了我，一騙騙了二十年。」

想一想

老趙詐不詐？

原來花一百萬買進的假東西，居然五百萬賣出去。人家尊重他是專家、信任他，他居然把自己以前上當「買進來」的假東西，拿去騙外行人。

但是，再想想，當年的白大師又不詐嗎？以白大師的「法眼」，能不知道是贗品？他不是跟老趙一樣，在唬外行人嗎？

我們還可以換個角度——

如果當年老趙沒自以為得個稀世珍品，而引發更大的興趣，也不會有今天的瓷器專家「趙老」。你怎不想，說不定今天花五百萬買下贗品的這個人，過十年，也成了專家，又把那假汝窯的瓷碗當真東西，以兩千萬賣給別的外行人呢？

在收藏界，這幾乎已經成了當然的道理——

由於你是新手，你理當繳學費，從「學習」中避免「上當」，也從「上當」之中「學習」。新手吃一次虧，學一次乖，漸漸變成老油條，又用老油條的本事把新手唬得一楞一楞。

大家為什麼都這樣詐呢？道理很簡單：

你既然廢寢忘食地沉迷其中，成為收藏家，成為「癡」、成為「癖」。

當然愛那樣東西，愛得要死。

這世上最大的問題，往往出在愛上。

當你看上一塊玉、一個瓷器、一張畫，舉世只有那一件，你愛得要死，還會讓給別人嗎？

一個人可以非常廉潔，絕不貪非分之財。但是當他愛物成癡的時候，看到那個物，就另當別論了。你絕不能用他「對錢」的態度，來推想他「對收藏」的態度。

因為錢隨時可以賺到，那稀世的收藏品，卻可遇不可求。

＊

我曾經拿一塊上好的印石，請一位金石家幫我刻印。東西刻好，拿回來，發現雖然刻得極好，那印石卻被換了，換來的跟原先的形狀、大小，一模一樣，只是裡面有許多雜質。

我也有一次跟朋友出去郊遊，那朋友有坐骨神經痛的毛病，但是當他在溪谷裡發現一塊奇石之後，堅持要我和他一起抬回家。

幾個小時山路走下來，連我的腰都痛了三天。他老兄，更躺在床上一個多星期。

他是大老闆，有的是錢，何苦這樣呢？

道理很簡單，因為他是奇石的收藏家。

＊

想想，當一個人愛成這個樣子，愛得連自己的健康都不顧，他又可能把那好東西讓給你嗎？

如果有一天，你要買上好的寶石、玉器、古玩，自忖不內行，而找這麼一位「專家」陪你去，你認為一定好嗎？

至於由他介紹的，就更不可靠了。

如果真是稀世奇珍，他自己為什麼不買？那八成因為太貴，他買不起。或買了之後，不易脫手；脫手也沒得賺。

否則，還會輪到你嗎？

當然，交情特別的是例外。我們絕不能一竿子打翻一船人。有些人就有犧牲自己，成全他人的美德。

*

如果你問我收藏東西最穩當的方法，我要建議：

一、你可以請行家介紹，或直接向他購買「雖是上等貨色，卻非他看得上眼的精品」。既然他看不上眼，心中「無爭」，也就能客觀地為你著想。

二、如果你真打算收藏好東西，自己又不內行，你有兩條路可走——去國際知名的拍賣場，買「見諸圖錄」，也就是知道以前由誰收藏過，而且印在收藏目錄的東西。

或先去寶石或骨董鑑定班，好好學，學會之後，再自己出去，冷冷靜靜地買。

記住！這世界上，最難改變的是人性，最可信任的是自己。

為什麼？請看下一個故事。

導遊有禮

小英自從跟著洋人丈夫調回中國，就忙得不可開交。除了每天叮囑管家，小心使用國外帶去的電器，教使節團的官太太們學中文，還得領著洋朋友買東西。那些官太太，甚至買張桌子，都得拉著小英作翻譯。

＊

這一天，大使夫人突發奇想，要買個古玉珮。

小英特別找了一家出名的骨董店，帶大使夫人過去。領事館的眾家夫人聽說，居然也成群地趕來。

「問問什麼價錢。」大使夫人看上一塊羊脂白玉，對小英說。

小英轉身用中文問。

「算六千塊吧！」店員回答。

小英翻譯，大使夫人搖搖頭：

「前兩天羅素太太買一塊，才花三千。」
「能不能便宜點，洋人不是不懂行情。」小英對店員抱怨：「不要敲人家。」
「您看呢？」店員居然問小英：「多少錢她會買？兩千五，怎麼樣？最低了！」

＊

一群官太太，大包小包地上了車，正要發動，店員來敲車窗，把小英叫了回去。
「這是您的！」一把鈔票塞到小英手上：「還有清單，一共五個人買，花了兩萬九，您看對不對？」

想一想

如果你在觀光區，開一家土產品。
一車、一車的觀光客，跟著導遊的「小旗子」走。
「小旗子」停在你的店門前，導遊說兩句「好聽話」，那一團人就都湧進來大採購。
你能不感激那導遊嗎？你又能不找機會表示一下嗎？

＊

如果你開珠寶店。

一位熟客，不但自己來，因為跟你處得好，有時候也帶他的朋友來。

這些朋友信任他的眼光，也信任他的「關係」，毫不考慮地花錢，讓你財源廣進。

就算這位老主顧，不做掮客，你能在他一個人來的時候，不算他個特別低的價錢嗎？

＊

如果你開電器行。

一個公司的採購，總跟你為公司買冷氣、冰箱、飲水機。

雖然他跟你買，不是因為你給回扣，而是因為你物美價廉。

但有一天，他一家人來，自己要添點電器。

你能不給個特別的折扣嗎？

＊

許多行規，是從人性中發展出來的。甚至可以說，那是一種禮貌。

只是這禮貌漸漸就可能成為弊端。

你想想，就算那珠寶店的熟客、公司的電器採購，從沒拿過一文錢回扣，當他有一天，只花半價，就買到別人要付全價的東西時。

那另一半的錢，是誰出了？

土產店送兩盒土產給導遊，可以說是「情」。

電器行算採購半價，可以說是「行賄」。

「小情」可以發展成「小貪」，「小貪」可以成為「大瀆」。

我說這許多，是告訴你什麼是人性，我也建議你：

如果介紹朋友到熟店去買東西（尤其是貴重的），應該當著朋友面，對店老闆說：「這是我的好朋友，我不要任何好處，你把他當成我，盡量算便宜！」

而當你後來居然像前面故事中小英一樣，還是拿到回扣的時候，則應該還給朋友。

＊

如果你是老闆，要常注意來往廠商與你職員的關係。公是公、私是私，逢年過節廠商送點小禮，是人之常情，你理當讓員工分享。

假使「他們」愈走愈近，你就要防止弊端。

*

如果你是職員。

我盼望你在這個濁世，作一劑清流。當來往的商家要給你「不合理」的優待時，你要知道，那是不該得的好處。

鄭重地告訴他，甚至在一開始為公家採購時，就對他說：「我不拿任何好處，即使我自己向你買東西，也不會要求特別的折扣，請你給我公司最便宜的價錢。」

你必因此獲得他的尊重，傳到你老闆的耳裡，你更能獲得重用。最要緊的是，由於你對道德的不妥協，使你能不遭受更大的誘惑。

我不是教你詐，是教你認清每個人，包括你自己的「人性」。

第二十一章 小蝦米的大力量

當一隻小貓撲向大狗，
不論大狗多有理，人們總為小貓叫屈。

拳王與小女生的對決

「這麼早打電話給我幹嘛？」拳王有點不高興。

「老大！不好了！昨天你帶回旅館的小妞要告你了！」

「告我？」拳王怔了一下：「告什麼？」

「告你強暴。」

哈哈哈哈，拳王笑了起來：「讓她告好了！是她跟我到旅館來，可不是我綁架她。」

「但她說是她掙脫、跑掉的。你是不是沒有送她回家啊？」

「笑話！我幹嘛送她？又不欠她的。何況，我還塞給她兩百塊，叫她坐車，是她自己不要的。」

「那表示，你知道她不高興了？」

「知道又怎樣？是我寵幸她！跟她上床，是她的光榮。」說完，把電話掛上，翻過身繼續睡。

＊

跟他上床，是光榮！這句話還真不假。

每次在台上，看拳王不出兩、三回合，就把對方摺倒。那四周的小妞，簡直迷死了，口哨吹得比男人都響。

「女人哪！只要崇拜你，就想跟你上床！」這是拳王常說的一句話。

也就每天見他帶不一樣的妞，一個比一個漂亮。尤其最近，拳王擔任選美會評審，那票小姐，更是爭著投懷送抱。

＊

昨天的小女生，就是其中之一。

那女生，個兒真小，怪不得受傷，還弄了驗傷報告。

拳王哼了一聲：「這是當然嘛！你們想也知道。」

四周助理立刻笑成一團。

只是跟著記者就來了，擠在旅館大廳問東問西，據說那小女生已經接受了專訪。

「情況不太妙！好漢不吃眼前虧。」經紀人上來說。

拳王霍地站了起來，指指自己鼻子：「她真要告我？」

「是啊！她說如果你不道歉，就跟你沒完沒了。」

「告好了！老子字典裡沒有對不起！」拳王吼回去。

*

當天下午，廣播和電視就播了。

第二天，更上了報。好死不死，居然那天晚上，正巧有人為「他們」拍了照，被報紙高價買去，上了頭版。只見一大、一小，好不配的一個畫面。

拳王雖然還嘴硬，經紀人已經緊張了，一邊接電話，說「全是誤會！」一邊託第三者擺平。而且價碼由十萬美金，一路加，加到一百萬。

那小女生還是不理。

「她家有錢，是不是？」拳王皺著眉問。

「不但沒錢，而且很窮。」

「告訴她，《花花公子》不可能出一百萬，請她拍裸照的！」拳王望著窗外說。沉吟一下，又回頭問：「她硬要我道歉？」

「是！她要你承認自己心理有問題，需要治療……」

「放她的屁！」

＊

開庭了！法庭外擠得水泄不通。遠遠只見一片人頭和四周架著天線的轉播車。

拳王請了最好的律師，保證打贏這場仗。

小女生則像隻小雞，把臉轉過去，不看拳王射過來的狠狠的目光。

報紙的消息發得更大了，還有漫畫家，畫了「大黑金剛」的手上站著一個小小的美女。

但是每個人都猜，這窮人家的小女生，怎麼可能打倒身價上億的拳王？

「何不拿點錢，和解算了？」

「難道還把拳王判刑？他不打拳，是全國的損失啊！」

許多讀者投書，勸小女生。

＊

「NO!」小女生搖頭：「已經沒有和解的可能，我要他接受制裁！」

當電視播出這個畫面，不知有多少觀眾，點了頭，又搖了頭。

大家都怨她傻，也都佩服她的勇敢。漫畫出來，畫的不再是大金剛和小美女，而是大象和小老鼠。

＊

宣判前，有電視做民意測驗。大部分人猜——拳王贏！

因為在這個國家，誰都知道，既然派對之後，跟著單身的男人去「他家」，就表示願意「跟他上床」。

否則，何必去？

何況不久前，才有個名人相似的案子，「那女人」硬是輸了。

＊

陪審員一一就位，有男也有女，有白也有黑，由其中一位代表宣讀判決。

那是位灰白髮的女士，她緩緩站起身，看了看拳王，又看了看小女生，說出兩個字：

「有罪！」

想一想

上面的故事，是用前幾年一則轟動美國的新聞改編。

拳王被關了三年，才假釋出獄。

那三年，原該是他的黃金時代啊！一個拳手的巔峰能有幾年？他卻栽在這麼一個小女生的手裡。

他有名、有錢、有勢，為什麼輸？

很簡單！他就輸在有名、有錢、有勢。

他因此而自大，先用錢打發小女生，傷了女生的自尊；又堅持不道歉、不認錯。

不要說他沒理了。就算有理，如果把兩個人放在一起，看看那「以大吃小」的畫面，只怕有理也說不清。

＊

同情弱者，是人的天性。在男女鬥爭的情況下，同情女性，也是人的天性。

人們會想，弱者明知打不過強者，為什麼會反撲？當然是被逼急了！被逼迫的人，理當獲得同情！

這就好比，當一隻小貓撲向大狗時，無論小貓是不是在撒野，總能得到喝采。

同樣的道理，當比你弱小的人決定拚命，即使你的實力強得多，又有一百二十個道理支持你，也最好不要跟他正面衝突。

不錯！你很強，你是可以一刀砍下他的頭，而他頂多只能砍你一條腿。到頭來，你一定贏，他一定死。

問題是，你非但贏得不光榮，而且當你斷了一條腿之後，還能稱得上英雄嗎？

＊

我有一個朋友，在地下鐵車站被搶。土匪拿尖刀對著他，要他交出皮夾子，又脫下他的項鍊，再搶走他的手錶，但是當搶匪吼道：

「還有那個戒指！」

我的朋友遲疑了一下，沒有立刻摘。

「好！你可以留下戒指。」搶匪居然主動說，接著轉身跑了。

不久之後，搶匪被捕。當朋友去警局的時候，順便好奇地問了搶匪一句：

「你為什麼沒堅持搶走我的戒指？」

「因為我看你猶豫了一下，那戒指明明不值錢，你卻遲疑，表示對你有特別的意義。」

搶匪說：「我知道你會為它拚命。我只要搶你的錢，可不要跟你拚命！」

由此可知，連土匪都知道，不要跟拚命的人周旋。

當一個人連自己的命都不要了，他還怕什麼？

問題是，這世界上就有許多人，會違反人性地跟你拚命，拚他自己的命！親人的命！或第二生命——名譽！

請看下一個故事。

悲憫的悲哀

「你來我家幹什麼？不是跟你說了嗎？我幫不上忙！」法官說完，就把門關上。

他看過這個女人，不！應該說看過這個女孩子。也不知道這女孩怎麼弄到地址，昨天已經站在巷口，攔過他一次。

他匆匆躲開了。只記得那張白皙的面孔，還有兩行淚。大概才二十歲吧！像他女兒的年紀。

昨天晚上，女兒也打了越洋電話來，說媽媽在那兒過得很好，又要他多注意身體，天冷，別著涼了。

天是涼了！尤其像今天這樣的淫雨。走回玄關，又把傘伸出去甩了甩雨水。看見大門下面，露出一雙腳。

紅色的皮鞋，已經泡在水裡，鞋尖還對著他。

在雨聲中，依稀聽見，輕輕的、輕輕的叩門聲。

想大聲喊，叫她走，又怕吵了鄰居。沉吟了一下，嘆口氣，再撐起傘。

「你怎麼還不走？」

「您不聽我說，我就不走！」小女生低著頭，全身都溼了。

「你沒帶傘？」

搖搖頭。讓他想起女兒小時候，冒雨跑回家的樣子。

「到法官家裡是不對的，你知道嗎？」他彎下身，看著她的臉。

點點頭，又搖搖頭，吞吞吐吐地說：「我爸爸是冤枉的。」

「這個我不聽！」他嚴肅地說，發現自己的褲腳也淋溼了，又嘆口氣：「你先進來吧！再這樣，會生病的！」

他把傘撐高，讓女孩子先走。又為她把裡面的玻璃門拉開。

女孩子呆呆地站著，玄關裡全淌了水。

「快去擦擦乾吧！」他拿條毛巾給女孩，又指了指浴室。

＊

沒多久，女孩就出來了，立刻站在客廳門口。

「我跟你說了，我一切依法辦事，實在幫不上忙。你爸爸要是冤枉，自然會還他個公道。法律嘛！講的是證據！」

女孩子突然啜泣了起來，渾身發抖地哭著。他看得出，這是個孝順的孩子。

「別哭！別哭！我給你倒杯熱水。」他又慌慌張張跑進廚房，所幸壺裡還有點半熱的水。喝下水，女孩子好多了，說了一大串有關她家裡和爸爸怎麼被壞朋友陷害的事。

他裝著聽，心裡想的卻是萬里外，自己的女兒。這女孩就長得跟他女兒一樣清秀、漂亮，可是命運差得多遠哪！

他撐著傘，把女孩送出去，還為她攔了一輛計程車。

＊

晚上，他想得很多，連電視都看不下去。他發現，自己有些倦了。

突然電話響，是個中年女人的聲音，叫他等一下，又換了一種嗓音，居然是那個女孩子。

「你怎麼知道我的電話？」他有點不高興。

「我在您家看到的。」女孩怯怯地說，又吞吞吐吐地：「我爸爸的事……」

「我跟你說多少次了，我幫不上忙。」他已經不耐煩：「對不起！我要休息了。」說完掛了電話。

只是跟著，電話又響。接起來，又是那個中年女人的聲音：

「法官大人！如果你幫忙，我保證我女兒會把你的內褲和刮鬍刀還你。還有，也就用不著叫那計程車司機作證了……」

想一想

請問，「他」是不是位好法官？

他有正義感、惻隱心、同情心，和做事的原則，當然是位好法官。

請問那「女孩子」是不是壞女生？

我看也不是。就算她偷了法官浴室的東西，又記下計程車的號碼，恐怕也是她媽媽教的。

請問她媽媽是不是壞人？

做這件事，當然是壞人。但每個人都可能狗急跳牆。為了救親人，一個好人也可能使出「壞點子」。

現在，再請問，如果那個女孩拿出證物（刮鬍刀及內褲）和證人（證明法官為女孩叫車的司機），你信誰？

*

於是，又回到了我們的本題。

人性是可愛又可怕的。正因為他們同情弱者，所以當這女孩愈是年輕、清純、沒有前科，大家就愈相信她。

證據？

對不起！不必證據，因為大家都會「自由心證」，也就用這自由心證，判你的罪。而且即使在法律上你沒罪，你仍然可能背負這個罪名，一輩子！

＊

想想看：

如果一個女兒跟父親不高興，告父親亂倫。

如果一個年輕女病人，在沒有第三者在場的情況下，接受男醫生的診療之後，告醫生性侵犯。

如果一個女學生，單獨跑到單身老師家，出來之後，說老師性騷擾。

如果一個男士在旅館大廳，遇到一位年輕美麗的女子，那女人藉題請男士到她房間，進門之後突然撕破自己的衣服，說：

「我要向你尋歡。你不答應，我就喊『強暴』！」

請問：

你會信誰？那位男士又該怎麼辦？

答案，請你自己想。我真正要說的，是你必須認清人性，必須時時提防。因為在某些人性的前面，常不容易講理。而當弱者拿自己的名譽作籌碼時，你尤其不易對付。

＊

名譽，是第二生命。至於用第一生命作籌碼，就更可怕——

春秋時代，易牙為齊桓公烹製美食。有一天，齊桓公一面讚賞易牙的手藝，一面感慨地說：「天下美味，我真是嘗遍了……當然，除了人肉之外。」

沒多久，易牙端上一碗無比鮮美的肉湯，原來是用自己小孩的肉煮成。

看來易牙愛桓公，真是愛到極點。愛到可以殺自己的愛子，只為滿足主子的口腹之欲。

但是反過來想，連自己孩子都可以殺，還有什麼人，他會殺不下手？

果然易牙後來專權，殺害群臣，造成齊國的內亂。

＊

再舉個例子：

一位自命風流的男演員，交了許多女朋友，個個貌美如花，出入都像一對璧人。

有一天，遇見一位平凡的女子，男演員存著玩玩的心態。豈知事後女孩懷了孕，又拿出可以證明兩人關係的東西說：

「活著，我對付不了你；死了，你可受不了我。如果你不娶我，我就自殺，而且公開資料。讓大家不齒你這個大牌明星糟蹋年輕女孩子的行為，保險你身敗名裂。」女孩狠狠地說：「今天你的名氣，反成為你欺壓人的弱點。我的平凡和弱小，則是獲得人們同情的優勢，你看著辦吧！」

男明星居然屈服了。因為跟前面提過的搶匪一樣——

別跟不要命的人鬥！

*

說了這許多，其實也就這麼一句：

「別跟不要命的人鬥！」

當你發現對手，不惜犧牲他自己的生命、親人的生命，或「第二生命」，與你周旋到底的時候，就算你有理，也最好避一避。

當你發現一個人愛你，超過愛他自己。甚至為你不惜犧牲自己親人的時候，也要好好想想，他會不會有一天犧牲你。

你愈是成功、強大、有錢、有名，愈要小心這些！

【原版後記】

不好也不壞的人

有一天我到某地辦事，下飛機之後搭計程車。

由於是初次到那個城市，就跟司機打聽當地的情形。他除了為我介紹，還發表了不少對時局的看法，兩人談得很投機。

到達目的地，錶上是一百八十塊。

「給一百就好了！」他居然手一揮，豪爽地說。

「那怎麼成？」我遞過塊兩百塊，說：「不用找了！」就跳下車。聽到他在背後，連聲喊著謝謝、謝謝，覺得好溫馨。

辦完事，我又叫車回機場。駕駛先生看來很嚴峻，我也就沒跟他多說話。

機場到了，計程錶上的數字是一百二十元，我真是哭笑不得，發現和前一位司機雖然談得投機，但在談的時候，他發現我是外來客，也就大繞遠路。加上我給他的小費，足足多要了我八十塊。

但是，再想想，他後來主動說「給一百就好了」，如果我照辦，他不是反而虧了嗎？他為什麼降價？一定是談得投機，心裡過意不去了。

＊

我有個朋友，夫妻兩人到南歐旅行。臨回國，特別跑去藝品店，訂了一個大號的「聖母抱基督哀慟像」複製品。

店老闆是個很豪爽的人，彷彿一見面就成了老朋友，七折八扣，還附送女士一件小禮物。

但是當他們拿過帳單時，覺得數字好像不對，細看才發現，老闆居然把上面的一九九五年，也當作貨款加了上去。

「天哪！多糊塗！」老闆把兩隻手攤向天空，又作成祈禱的樣子，趕快作了「修正」，直賠不是地送兩人出門，並保證東西準時寄到。

夫妻倆站在門口等計程車，偏偏碰到下班，一輛空車也沒有。眼看飛機要起飛，急得像熱鍋上等螞蟻。

「叫不到車？」店老闆探出頭來：「飛機幾點起飛？」接著跑到屋後，開出自己的車，飛馳到機場。

「快走！快走！不要付錢！下次再說！」又叫、又搖手、又飛吻地把他們推進機場，正好趕上飛機。

回國後，兩人立刻寄了一張支票過去。還寫了封信，感謝老闆的臨危相助。

不久，接到郵包，「聖母抱基督哀慟像」寄到了，包裝得非常講究，毫無損傷，只是——大號變成了小號。

＊

我常把這兩個故事放在一起想，想那司機和藝品店老闆。他們是好人還是壞人？抑或是好人，也是壞人？

想來想去，我發現，其實世上許多人，都是這種不好不壞的人。當你不小心的時候，他們會占你的便宜；當你跟他有了交情，他又可能對你付出。

我也發覺，在這瞬息萬變的時代，每個人似乎都成了旅客，當你有一點陌生、有一點外行，或不懂得工作倫理的時候，人們在指導你之前，可能先欺負你。

＊

我常對學生說：

如果你同時養了貓和魚，貓吃了魚，你除了責備貓，更應該責備自己。同樣的道理，當你明明知道人性有弱點，卻不加防範，而吃虧的時候，除了怨那個人，也應該檢討自己。

本書的目的，正為提供這種教訓——

當你工作時，哪些立場必須站穩？

當你有了人事的安排，為什麼不能提早透露？

當你買東西比價時，為什麼應該要求合理價，而非最低價？

當你發現不利於自己的小徵象時，為什麼要早早反應？

當你有倦勤之意時，為什麼不能表現在外？

當你做了法官、醫生、祕書、接待……你又有哪些工作上的禁忌？

雖然表面看，都是令人挫折的故事，或透露了一些人間的詐術，但背面所要探討的，都是人與人的相處之道。

我要再一次強調，每個人都是「人」，都有著人性的貪婪、自私與溫情，如同前面談的那位司機和藝品店的老闆，我們永遠不能因為對方表現的良善，而忘記他也有人性的弱點，更不可由於他一時的卑劣，而否定他可愛的一面。

＊

《我不是教你詐②》，比起前一集，誠然是較深也較辣的。我衷心盼望每位讀者，能了解我寫作本書的目的——

我不是教你詐，是教你認清人性。不可因為他們的好，忘了他們的壞；不要因為他們的惡，忘了他們的善。

國家圖書館出版品預行編目資料

我不是教你詐．I，日常工商處世卷 / 劉墉著．-- 初版．--
臺北市：聯合文學出版社股份有限公司，2023.01
332 面；14.8×21 公分．--（繽紛；238）
ISBN 978-986-323-506-4（平裝）

863.55　　111020065

繽紛 238

我不是教你詐 I ——日常工商處世卷

作　　者／劉　墉
發 行 人／張寶琴

總 編 輯／周昭翡
主　　編／蕭仁豪
編　　輯／林劭璜　王譽潤
資深美編／戴榮芝
版權管理／蕭仁豪
業務部總經理／李文吉
發行助理／林昇儒
財 務 部／趙玉瑩
韋秀英
人事行政組／李懷瑩

法律顧問／理律法律事務所
陳長文律師、蔣大中律師

出 版 者／聯合文學出版社股份有限公司
地　　址／臺北市基隆路一段 178 號 10 樓
電　　話／（02）27666759 轉 5107
傳　　真／（02）27567914
郵撥帳號／17623526 聯合文學出版社股份有限公司
登 記 證／行政院新聞局局版臺業字第 6109 號
網　　址／http://unitas.udngroup.com.tw
E-mail:unitas@udngroup.com.tw

印 刷 廠／約書亞創藝有限公司
總 經 銷／聯合發行股份有限公司
地　　址／231 新北市新店區寶橋路 235 巷 6 弄 6 號 2 樓
電　　話／（02）29178022

出版日期／2023 年 1 月　初版
定　　價／400 元

作者將把首刷版稅悉數捐給公益團體並在水雲齋 http://syzstudio.com 公布明細

ISBN　978-986-323-506-4（平裝）